미크레

룻기 묵상 + 말씀 묵상

| 신현아 지음 |

쿰란출판사

추천사

신현아 목사의 성경 이야기는 쉬우면서도 오래 삭힌 깊은 맛이 있다. 늘 원문 중심으로 성경을 읽으며 구속사와 하나님 나라에 비추어 말씀을 묵상하는 그의 삶이 잘 녹아져 있기 때문이리라. 《추격하시는 하나님》과 《하나님의 큰 그림》에 이어 출간된 세 번째 책 《미크레》에서 저자는 더욱 숙성되고 세밀한 하나님 이해를 한껏 펼친다. 《미크레》는 신구약성경 전체를 관통하는 하나님의 은혜를 룻기를 통해 꼼꼼히 풀어간 책이다.

하나님의 은혜는 우리의 지극히 평범하고 익숙한 일상 중에 미크레(우연히, 행운처럼, 기회)로 다가오지만 이를 알아보고 반응하여 개인과 그 이상의 역사를 바꿀 수 있는 사람이 얼마나 될까? 천국은 침노하는 자들의 것인 것처럼 나오미와 룻과 보아스는 율법을 넘어서는 은혜에 의지하고 그 은혜를 실천하여 안식과 천국을 선물로 받은 믿음의 증인들이다. 그들의 사랑과 순종의 열매인 오벳을 통하여 그 은혜가 오늘 우리에게까지 미치는 구원이 되었으니 미크레의 은혜가 참으로 크다!

오묘한 삶의 미크레를 배우고자 하는 모든 사람들에게 이 책의 필독을 권한다.

2025년 3월
이정숙
횃불트리니티신학대학원대학교 전 총장, 더맵글로벌 대표

들어가는 글

신학대학원 2학년 때(2009년) 일이다. 구약개론을 읽다가 룻기의 주제가 '우연히'라는 것을 알았다. "룻이 가서 베는 자를 따라 밭에서 이삭을 줍는데 **우연히** 엘리멜렉의 친족 보아스에게 속한 밭에 이르렀더라"(룻 2:3)에서 '우연히'가 룻기의 주제라는 것이다.

히브리어 성경을 찾아보았다. '우연히'에 해당하는 히브리어는 '미크레 מקרה'인데 '행운', '기회'라는 뜻도 갖고 있었다. '우연히가 주제라고? 이것이 주제가 될 수 있나?' 하는 궁금증이 발동했다.

이렇게 시작된 미크레는 쉬워 보였지만 쓸수록 어려웠다. 수백 번을 고치고 수십 개 버전의 미크레를 썼지만 하나도 마음에 들지 않았다. 내가 쓴 미크레는 저자의 의도가 아닌 것이 분명했다. 생각날 때마다 원고를 꺼내 수정했다. 다른 책을 쓰면서도 미크레는 포기하지 못했다.

그러다가 작년 여름부터 다시 미크레를 쓰기 시작했다. 지금까지의 미크레는 버리고 단어 연구부터 다시 했다. 미크레가 새롭게 보이기 시작했다. 고칠 때마다 갸우뚱하던 내 머리가 이번에는 갸우뚱하지 않았다. 저자의 의도를 찾은 것 같았다. 그리고 올 가을에 드디어 미크레를 마쳤다. 15년 만의 완성이었다.

미크레를 새로 쓰며 하나님의 은혜를 깨닫는 일이 많았다. 아름다운 나무와 풀과 꽃들, 새들과 예쁜 노을, 시원한 바람을 주신 하나님이 너무 고맙고 감사했다.

은혜가 아닌 것은 없다. 사람이라면 하나님의 은혜에 진심으로 감사하는 것이 맞다는 생각이 들었다. 이것이 미크레를 새로 쓰고 내린 결론이다.

15년 묵은 숙원을 해결해 주신 하나님 아버지의 크신 은혜에 다시 한 번 감사드리며, 이 책을 통해 많은 사람이 하나님의 은혜를 깨닫게 되기를 간절히 바란다.

이번에도 추천사를 써주신 나의 영원한 멘토 이정숙 전 총장님, 늘 격려와 기도를 아끼지 않은 남편 허석현 장로님과 늘 기도해 주신 정은하 권사, 최송자 권사, 신미령 집사님과 급할 때마다 도와준 딸 지원에게도 깊은 감사를 전한다.

첫 책부터 세 번이나 출판해 주신 이형규 쿰란출판사 대표님과 강박증에 가까운 나의 완벽주의를 이해해 주시고 항상 최선을 다해 주시는 쿰란 편집부 직원들께도 깊은 감사의 인사를 전한다.

2025년 3월

신현아 목사

차례

추천사 · 3
들어가는 글 · 4

1부

○
○

chapter 01 / 미크레 · 12

chapter 02 / 향수 · 43

chapter 03 / 정해진 팔자가 있나 · 54

chapter 04 / 브라질 원숭이의 코코넛 깨기 · 65

chapter 05 / 주께서 나를 아신 것같이 · 72

chapter 06 / 헤롯은 왜 아기 예수를 죽이려 했나 · 80

chapter 07 / 헷갈리는 예수님의 죽음일과 부활일 · 100

chapter 08 / 갈비뼈와 여자 · 115

chapter 09 / 돕는 배필 · 121

chapter 10 / 지키다 · 125

chapter 11 / 인간의 노동은 저주일까? • 130

chapter 12 / 짝짓기 • 137

chapter 13 / 하나님은 왜 빨리 구해주지 않을까? • 143

chapter 14 / 히브리인 • 155

2부

○
○

chapter 15 / 복 있는 자 • **162**

chapter 16 / 샬롬에 대하여 • **172**

chapter 17 / 끝까지 기도하는 자가 의인이다 • **180**

chapter 18 / 정직에 대하여 • **191**

chapter 19 / 심판을 촉구하는 기도 • **198**

chapter 20 / 나를 지탱하는 것 • **207**

1부

미크레

룻기 묵상

Chapter

01

미크레

미크레(מקרה)는 '행운, 기회, 우연, 사건'이란 뜻의 히브리어다.

룻기는 4장으로 구성된 짧은 책이다. 내용을 간략히 설명하면 다음과 같다.

흉년을 피해 고향을 떠나 다른 지방(모압, 사해의 동쪽)으로 갔던 한 가족에게 불행이 닥쳤다. 남편과 두 아들은 죽고 부인과 두 며느리만 살아남은 것이다. 고대 근동에서 남편이 죽은 여자들의 유일한 생계수단은 재혼이었다. 재혼할 수도 없을 만큼 늙은 시어머니는 모압 출신 두 며느리에게 친정으로 돌아가 재혼하라고 권하고 자신은 고향 베들레헴으로 돌아가려고 했다.

그런데 첫째 며느리(말론의 아내) 룻이 끝까지 따라붙어 함께 국경을 넘었다. 룻은 시어머니를 위해 이삭을 주우러 갔다가 만난 보리

밭 주인과 나중에 결혼하게 된다. 그리고 자기가 낳은 아들을 시어머니의 봉양자로 준다.

얼핏 들으면 '심청전' 같기도 하고, '신데렐라' 이야기 같기도 하다. 그래서인지 시어머니에게 효도하다가 복받고 팔자 고친 이야기로 아는 교인들도 많다. 그러나 효도나 순종은 룻기의 주제가 아니다.

룻기의 주제

룻기의 주제는 2장 3절의 '우연히'로 번역된 '미크레 מקרה'다. '우연히'가 주제가 될 수 있는가? 있다. 이미 오래전 성경학자들이 룻기 원문을 분석해서 룻기의 주제가 '우연히'(미크레)라는 사실을 밝혀 놓았다.

히브리어 '미크레'는 행운, 기회, 예기치 못한 만남 등 여러 뜻을 가진 명사인데 부사로 쓸 때는 '우연히'로 번역한다. 미크레가 이렇게 다양한 뜻을 갖는 이유는 히브리어가 분화가 덜 된 고어(古語)이기 때문이다.

한글성경에도 '우연'이 많이 나오지만 모두 미크레의 번역은 아니다. 미크레는 성경 전체에 8번만 나온다. 그중 '우연히'로 번역된 곳은 룻기 2장 3절과 사무엘상 6장 9절 두 곳뿐이다.[1] 전도서에서는

---

[1] 룻 2:3 룻이 가서 베는 자를 따라 밭에서 이삭을 줍는데 **우연히**(미크레) 엘리멜렉의 친족 보아스에게 속한 밭에 이르렀더라

다섯 번 모두 운명(fate)이란 뜻으로 사용되었고, 나머지 한 번은 '하나님의 주권 아래 일어난 사건'이란 뜻으로 사용됐다(삼상 20:26에는 '사고'로 번역됨).

종합하면 룻기의 미크레는 어쩌다 얻어걸린 '우발적 우연'이 아니라 하나님의 주권 아래 일어난 '계획된 우연'이라고 보아야 한다.

그러면 왜 주제와 상관도 없는 효심이 부각되어 왔을까? 추측하건대 주제를 몰랐거나, 알았다 해도 '우연히'로는 룻기를 설명하기 어려웠을 것이다. 직관적으로 해석하고, 시어머니에게 효도(또는 순종)하다가 복받았다고 하는 것이 고부갈등이 심한 한국 사회에 잘 먹히니까 그랬을 수도 있다.

그러나 성경이든 인문학이든 주제를 아는 것은 매우 중요하다. 그래야 저자의 의도와 다른 해석을 하지 않기 때문이다. 다시 말하지만 저자는 효도나 순종을 가르치기 위해 룻기를 쓰지 않았다.

> 룻과 보아스의 만남은 겉으로는 단순 우연으로 보였지만
> 사실은 하나님의 계획 아래 일어난 운명 같은 우연이었다.
> 이 운명 같은 우연(미크레)의 배후에는
> 하나님이 계셨다는 것이 룻기의 주제다.

삼상 6:9 보고 있다가 만일 궤가 그 본 지역 길로 올라가서 벧세메스로 가면 이 큰 재앙은 그가 우리에게 내린 것이요 그렇지 아니하면 우리를 친 것이 그의 손이 아니요 **우연히** 당한 것인 줄 알리라 하니라

계획된 우연, 미크레

우리말로 운명은 피할 수 없는 숙명(宿命)이라는 뜻 하나만을 갖지만, 영어에서 운명은 두 가지로 구분된다. 선택의 여지가 없는 운명(fate)과 선택이 가능한 운명(destiny)이다. 'You are my destiny'라는 문장은 '당신은 나의 운명'으로 해석되지만, 속뜻은 '내 선택으로 인해 당신은 나의 운명이 되었다'이다.

'내가 그의 이름을 불렀을 때 그는 내게로 와 꽃이 되었다'가 destiny라면, 내가 부르지도 않았는데 내게로 와서 꽃이 된 것은 fate이다.

미크레는 어느 쪽일까? 미크레는 정해진 운명(fate) 쪽이다. 룻과 보아스는 태초부터 만날 운명이었다는 것인가? 그러면 말론(룻의 죽은 남편)은 이들의 운명 때문에 일찍 죽은 것인가? 무슨 말도 안 되는 얘기인가? 말이 되는 얘기인지 아닌지 하나씩 확인해 보자.

> 세상의 모든 우연이 다 하나님의 계획은 아니다.
> 미크레만 하나님이 계획한 우연이고
> 사람들이 경험하는 대부분의 우연은 '단순 우연'(우발적 우연)이다.

계획된 우연은 반드시 일어난다는 측면에서 필연이라고 할 수도 있다. 룻이 보아스의 밭으로 갔다는 미크레 때문에 보아스와 결혼까지 하게 된 것을 보면 필연 같다는 생각이 든다.

그런데 룻과 보아스의 만남이 하나님의 계획에 의한 필연이라면 룻은 방에 있기만 해도 보아스와 결혼하게 되는 것이 아닌가? 그렇지 않다. 사람이 아무것도 하지 않으면 하나님이 아무리 계획한 우연(미크레)일지라도 필연이 되지 않는다.

만일 그날 아침에 룻이 집에만 있었다면? 보아스가 자는 타작마당으로 가라는 나오미의 말을 룻이 거절했다면? 보아스가 고엘 역할을 거부했다면? 룻의 미크레는 필연이 아닌 단순 우연으로 끝났을 것이다.

룻이 보아스의 밭으로 갔기 때문에 다음 일들이 연쇄적으로 일어난 것이다. 손을 놓고 가만히 있었는데도 그다음 일들이 저절로 일어난 것은 아니다.

이것은 '전도와 영접'의 원리로 이해할 수 있다. 어느 날 우연히 만난 사람을 교회에 데려다 놓았다. 그 사람이 교회 출석을 계속하더니 예수 그리스도를 구세주로 영접했다. 이 경우 그날의 우연은 미크레(계획된 우연)라고 할 수 있다. 하나님의 계획 없이는 누구도 구원을 받을 수 없기 때문이다.

하지만 그 사람이 교회 출석만 할 뿐 예수 그리스도를 구주로 받아들이지 않았다면 그날의 우연은 단순 우연이다. 미크레인지 아닌지는 결과로 아는 것이지 초반에는 알 수 없다.

선을 보고 한 결혼도 미크레(계획된 우연)라고 할 수 있을까? 이 부분은 뒤에서 다시 이야기하겠다. 선을 봐서 결혼했든 우연히 만나서 결혼했든 첫 번째 만남 뒤에 두 번째 만남을 갖는 등 청혼까지 했으니까 결혼까지 간 것이다. '운명이면 다시 만나겠지' 하고 전화번호조차 주지 않았다면 결혼은 불발되었을 것이다.

"그리스도인에게 우연(단순 우연)은 없다"는 말을 진리처럼 믿는 사람도 많다. 그러나 단순 우연을 미크레로 오해하면 안 된다. 내게 일어나는 모든 우연이 미크레는 아니다. 모든 우연에 하나님의 계획(또는 뜻)을 대입하면 반드시 탈이 난다.

예를 들어 지하철역에서 우연히 만난 사람을 따라 성경 공부를 하러 가면서 '그리스도인에게 우연은 없으니 이 사람을 만난 것도 하나님의 계획(미크레)'이라고 생각한다면 큰일 난다. 이런 면에서 그리스도인에게 우연이 없다는 말은 진리가 아니다.

룻과 보아스가 결혼하는 결말을 아는 독자들에게 룻의 우연은 운명처럼 보일 것이다. 둘의 우연은 운명이 맞다. 하나님이 계획한 우연이었으니까.

기업 무를 자(고엘)

룻기에서 궁금한 것 몇 가지를 꼽는다면 첫째는 '기업 무를 자가 무엇인가?'이고, 둘째는 '왜 보아스는 기업 무를 자로서 룻과 결혼을 했는가?'이다. 레위기 율법이 정한 기업 무를 자의 임무에 결혼은 없기 때문에 이상하다는 생각이 들 수밖에 없다.

보아스보다 앞서 기업 무를 자의 권리를 가진 첫 번째 남자도 땅은 물러 주려고 했었다. 남의 땅이 된 땅을 사서 나오미에게 돌려줄 생각까지는 했던 것이다. 하지만 룻과 결혼해서 아들을 낳아 그에게 땅을 물러 줘야 한다는 말을 듣자 기업 무를 자의 자격을 포기했다.

기업 무를 자의 의무가 무엇인지는 율법에 잘 나와 있다. 레위기 25장 25절에 나오는 기업 무를 자(히브리어로 '고엘')의 임무는 땅을 찾아주는 의무만 있을 뿐 과부와 결혼할 의무는 없다.

여기서 '고엘'은 무엇이고 '기업 무를 자'는 무엇인가?

'기업 무를 자'로 번역된 '고엘'은 대신 값을 치르고 잃어버린 땅을 되찾아 주는 친척(kinsman)을 가리킨다.

나는 '기업 무를 자'라는 말을 청년부 여름수련회에서 처음 들었다. 3박 4일 동안 룻기 강해를 들었는데 끝날 때까지도 '기업 무를 자'가 무엇인지 이해하지 못했다. 룻기의 기업 무를 자가 '예수님의 그림자'라고 들었지만 제대로 이해하지 못해서 해답지를 보고 문제를 푼 것처럼 찝찝했다.

'기업'이 뜻하는 것은 가나안 땅이고, '무르는 자'는 대신 값을 치르고 땅을 되찾아 주는 친척(kinsman)임을 안 것은 오랜 시간이 지난 후였다. 기업 무를 자를 히브리어 성경은 '고엘'이라 부른다는 것은 신학대학원에 들어와서 알았다.

민수기에서 고엘(친척)은 복수도 대신 해준다. 민수기 35장에서 고엘은 '피의 보수자'(revenger of blood)로 번역되었는데 '복수를 대신하는 친척'(kinsman)을 뜻한다.

레위기에 나오는 고엘은 빚을 대신 갚고 땅을 되찾아 주지만, 민수기와 신명기에 나오는 고엘은 친척이 살해당하면 원수를 대신 갚아준다. 가족이 살해당하면 반드시 복수하는 이탈리아 마피아들의 관습이 바로 이 고엘 제도를 흉내 낸 것이 아닐까 싶다.

고엘이 죽은 친척의 아내와 결혼하고 아들을 낳아서 죽은 자의 기업을 잇게 하는 것은 레위기에도, 신명기에도 없는 법이다. 심지어 레위기 18장과 20장에서는 형수와의 결혼을 금하고 있다.

계대법(형제가 대신 아들을 낳아 주는 고대 근동의 풍습)이든, 형사취수(형이 죽으면 동생이 형수를 부양하던 제도)든, 수혼(죽은 남편의 이름을 이스라엘에서 지키기 위한 목적으로 하는 결혼)이든 그 어떤 것도 고엘의 의무는 아니다.

그런데 왜 룻은 보아스에게 고엘(기업 무를 자)로서 결혼해 달라고 했을까? 고엘의 의무에 결혼이 있다고 알았을까? 율법이 형사취수를 금지한 것을 몰랐을까? 룻은 이방 여인이라 율법을 잘 몰랐다고 해도 보아스는 왜 고엘로서 룻과 결혼을 해줬을까?

분명한 것은 룻이 보아스에게 율법을 넘어서는 요청을 했다는 것이다. 율법이 금한 추수철에 이삭을 주운 것처럼 하나님의 은혜를 기대한 것이지 율법에 근거해서 요청한 것이 아니다.

레위기 율법은 며느리의 하체를 범하는 자는 돌로 쳐서 죽이라고 했지만 율법 이전에 이런 일을 벌인 유다는 하나님의 족보에 올랐다 (눅 3:23-38). 이런 자의 후손을 통해 메시아(예수 그리스도)가 왔다는 것

01 미크레 **19**

은 인간의 구원이 하나님의 은혜일 뿐 다른 어떤 것으로도 설명이 불가능함을 가리킨다.

룻은 이번에도 하나님께서 은혜를 주신다면 고엘을 통해 자신과 나오미의 궁극적 문제(안식)가 해결될 수 있다고 기대했던 것 같다.

지금의 관점으로 봤을 때 룻의 요구는 뻔뻔할 뿐 아니라 민폐도 이런 민폐가 없을 정도이다. 이 고부(姑婦)는 결혼 사기단처럼 보이기도 한다. 하지만 룻은 이런저런 것을 따질 여유가 없었다. 고엘과의 결혼에 자신과 나오미의 안식이 달려 있었기 때문이다.

룻이 고엘이 되어 준 보아스를 만난 우연(미크레)은
궁극적 고엘이신 예수 그리스도를 만난 행운(미크레)에 비유할 수 있다.
룻이 만난 고엘인 보아스가 예수 그리스도를 예표하지 않는다면
성경은 미크레(기회, 행운)라는 말을 쓰지 않았을 것이다.

성경 최초의 고엘

룻기에 나오는 '기업 무를 자(고엘)'의 기원은 레위기 25장 25절[2]이다. 토지 무르기 율법을 설명할 때 고엘이란 말이 나온다. 하지만 성경 최초의 고엘은 사람을 가리키는 명사가 아니라 어려움에서 건지

---

2) 레 25:25 만일 네 형제가 가난하여 그의 기업 중에서 얼마를 팔았으면 그에게 가까운 **기업 무를 자**(고엘)가 와서 그의 형제가 판 것을 무를 것이요

는 행위를 뜻하는 동사였고, 주체는 하나님(여호와의 사자)이셨다. 고엘의 알파와 오메가, 처음과 끝도 하나님(하나님의 독생자 예수 그리스도)인 것이다.

성경에서 고엘(동사 포함)이란 말을 처음 사용한 사람은 야곱이었다(창 48:16). 야곱은 죽기 전 요셉의 두 아들을 축복하면서 "나를 모든 환난에서 **건지신** 여호와의 사자께서"라는 말을 하는데, "건지신"이 고엘(정확히는 하고엘 הגאל)[3]이다. 여호와의 사자가 자신을 모든 환난(라 רע. 재난, 상처, 고통)에서 건지셨다는 것이다.

그런데 우리가 알다시피 야곱의 삶은 고통이나 재난이 없는 평탄한 삶이 아니었다. 장자권을 얻음과 동시에 도망하는 신세가 되었고, 외삼촌에게 속아 사기결혼을 했으며, 20년간 임금착취까지 당했다. 밀린 품삯을 챙겨 고향으로 돌아왔지만 형이 무서워서 고향으로 가지 못했고 떠돌다가 세겜에 정착했다. 거기서 딸은 강간을 당하고, 아들들은 복수한답시고 학살을 저질러 온 가족이 죽을 위험에 빠지기도 했다.

이게 끝일 줄 알았는데 최악의 불행이 남아 있었다. 가장 아끼던 아들 요셉이 짐승에게 찢겨 죽은 것이다. 하나님이 꿈을 주셨던 아

---

[3] '고엘 גאל'은 '가알'(구속하다, 몸값을 지불하다, 친척 역할을 하다)의 명사형이다. 동사형 가알은 구약성경에 84회 나오지만 명사형 고엘은 레위기 25장 26절과 룻기 3장 9절 두 곳뿐이다. 창세기 48장에 나온 명사형 고엘(앞에 정관사(ה)를 붙인 형태. '하고엘')은 동사처럼 번역했다(창 48:16).
창세기 48장에서 고엘 앞에 정관사(ה)를 쓴 이유는 야곱을 건져 준 주체가 사람이 아닌 하나님을 지칭하기 때문일 것이다. 야곱은 사는 동안 때마다 환난에서 건지신 하나님의 구원행위들을 통칭해 '하고엘'이라고 했던 것이다.

이인데 죽었다. 야곱의 인생은 망한 인생이었다.

그런데 상상도 하지 못할 일이 일어났다. 아들들이 양식을 사러 간 애굽에 요셉이 있었던 것이다. 그것도 애굽의 총리가 되어서 말이다. 하나님은 요셉을 잃고 슬퍼한 시간만큼 요셉과 함께 지내는 시간을 선물로 주셨다. 돌아보면 참으로 기구하고 험악한 세월이었지만 죽기 전 자신의 삶을 돌아보던 야곱은 깨달았다.

지금까지 자신이 여호와 신앙을 지킬 수 있었던 까닭은 의지가 강하거나 믿음이 좋아서가 아니라 믿음을 버릴 만한 위험(재난, 고통, 상처)을 마주할 때마다 여호와의 사자께서 건져 주셨기 때문임을 깨달은 것이다.

야곱의 고백은 우리에게도 적용된다. 내가 지금까지 예수 그리스도를 구주로 믿는 것은 내 믿음이 좋아서가 아니라 믿음을 버릴 만한 악한 시험(재앙, 고통 등)에서 알게 모르게 나를 건져 주신 하나님의 은혜 덕분이다.

행운의 잣대

사람들은 행운을 재물의 잣대로 재는 경향이 있다. 룻이 부자인 보아스와 결혼한 것을 두고 "팔자 고쳤다"라고 하는 이유도 자본주의적 관점으로 성경을 보기 때문이다.

그런데 룻과 보아스의 결혼이 룻에게만 행운이었을까? 당연히 보아스에게도 행운이었다. 젊은 여자와 결혼해서 아들을 얻었기 때문이 아니다. 그 아들을 통해 장차 인류를 구원할 메시아(그리스도)가 나왔기 때문이다. 물론 결과적 행운이다. 아들을 낳아 나오미의 봉양자로 주었을 당시에는 보아스가 손해만 입은 것 같다.

이들의 이야기를 읽다 보면 참 복잡하다는 생각이 든다. 좀 단순하게 살 수는 없을까? 그럴 수 있었다. 그것을 망친 이는 아담이다. 아담은 인류의 대표 자격으로 처음 하나님께 반역함으로써 육체를 가진 모든 인간을 하나님의 심판을 받아 멸망할 운명으로 만들어 놓았다. 육체를 갖고 태어나는 모든 인간은 불행한 운명이 된 것이다. 전쟁을 하고 싶지 않아도 대통령이 전쟁을 결정하면 온 나라가 전쟁을 해야 하는 원리다.

인간이 불행을 면할 유일한 방법은 인간의 죄를 위해 대신 심판받은 두 번째 아담, 예수 그리스도를 주인으로 삼는 것뿐이다. 그래야 멸망 대신 영생을 얻고, 예정된 불행이 행운으로 바뀐다. 주 예수 그리스도를 유일한 기회요, 행운(미크레)이라고 하는 것은 이 때문이다.

사람의 진짜 행운(미크레)은 궁극적 고엘이신 예수 그리스도를 만나 연합(결혼)하는 것이다. 그리스도인을 '그리스도의 신부'라고 하는 말 속에는 '그리스도인은 행운아'라는 뜻이 있는 셈이다. 그리스도인은 하나님이 계획하신 우연(미크레)을 통해 하나님의 심판을 피할 기회(미크레)를 얻은 행운아들이기 때문이다. 시편 1편에서 말하는 복 있는 자가 바로 그리스도인인 것이다.

창조주가 있음을 믿는다면 심판도 있음을 믿어야 한다.
심판의 유일한 대책은 예수 그리스도뿐인 것도 믿어야 한다. 그래야 산다.

상속자

첫 번째 고엘에게서 고엘 자격을 산 보아스는 룻과 결혼하여 죽은 자(말론)의 기업을 그의 이름으로 세워 그 이름이 끊어지지 않게 하겠다고 사람들과 장로들에게 약속했다. 그러자 그들은 이렇게 화답했다.

> "여호와께서 이 젊은 여자로 말미암아 네게 **상속자**를 주사 네 집이 다말이 유다에게 낳아준 베레스의 집과 같게 하시기를 원하노라 하니라"
> (룻 4:12).

여기서 상속자로 번역된 '제라 זרע'는 단순 재산 상속자가 아니라 사탄의 머리를 부술 '여자의 후손(제라)'을 뜻한다(창 3:15). 사람들이 룻을 통해 상속자를 얻으라고 축복하는 것을 볼 때 당시 보아스에게 아들이 없다는 것을 알 수 있다. 있다고 하더라도 유다의 셋째 아들처럼 장자권에서 먼 아들이 아닐까 싶다. 그래서 사람들이 보아스의 상속자를 다말(유다의 며느리)이 유다에게서 낳은 베레스에 비유한 것으로 추측된다.

다말이 낳은 베레스는 쌍둥이 중 동생이었으나 형인 세라보다 먼저 태(胎)에서 나와 장자권을 얻고(여자의 후손 계보를 잇고) 장차 예수 그리스도가 나올 통로가 되었다.

룻이 아들을 하나만 낳으면 어떻게 되는 걸까? 그 아들은 죽은 말론의 아들이 되기 때문에 보아스에게는 상속자가 없게 된다. 그렇다면 보아스에게 너무 큰 손해가 아닌가? 그렇다. 그는 예측되는 손해를 기꺼이 감수했다.

하나님은 이런 보아스에게 보상을 하셨다. 룻이 낳은 오벳을 보아스의 상속자로 인정하고 보아스와 함께 하나님의 족보에 올린 것이다(룻 4:18-22).

자유의지

베들레헴에 온 다음 날 아침, 룻은 나오미에게 이삭을 주워 오겠다고 말한다. 그러나 추수철이라 이삭줍기를 할 수 없었다. 추수할 때 이삭줍기를 허용하면 농사지은 사람에게 피해를 주기 때문에 레위기 율법은 추수가 끝나기 전까지는 이삭줍기를 금지했던 것이다. 룻도 지금은 이삭줍기가 불가능하다는 것을 알고 있었다. 몰랐다면 은혜를 구하지 않고 당당하게 주우러 갔을 것이다.

하나님의 은혜를 기대한다고 해서 은혜가 금방 임하는 것은 아니다. 룻도 마찬가지였다. 룻이 밭에 도착했을 때 보아스는 없었다. 이삭줍기를 허락할 위치가 아니었던 하인들은 사정이 딱한 룻을 막지도 못하고 어정쩡하게 대했다. 룻은 민망하기 짝이 없는 상황에서 눈치껏 줍다 말다 하면서 주인이 올 때까지 버텼다. 우리도 하나님의 은혜를 기대한다면 얻을 때까지 버티며 기다려야 한다. 얻을 때까지 버티는 자가 하나님의 은혜를 누리게 된다.

결혼 상대를 만나는 우연은 미크레일까? 아니다. 성경에서 말하는 미크레는 남녀의 결혼이 아니라 궁극적 고엘이신 예수 그리스도를 만나 그분의 신부가 되는 것을 가리킨다. 보아스와 룻이 결혼을 했어도 보아스가 고엘 역할을 거절했다면 성경은 미크레라는 말을 쓰지 않았을 것이다.

인간의 자유의지가 하나님의 섭리(계획) 안에서 어떻게 작동하는지는 알 수 없다. 미크레 역시 마찬가지다. 미크레(우연, 행운, 기회, 만남)는 하나님의 주권 아래 있지만 인간의 행동이 일절 배제된 진공상태에서 벌어지는 일이 아니다. 따라서 인간의 의지나 행동 없이 미크레가 일어나지는 않는다.

룻이 보아스에게 너무 큰 희생을 요구한 것은 아닐까? 보아스의 주머니에서 빠져나가는 것만 생각하면 그렇다. 만일 보아스가 손해만 생각했다면 첫 번째 고엘처럼 보아스도 고엘 역할을 포기했을 것이다.

그러나 보아스는 기꺼이 손해를 감수했다. 마치 첫 번째 아담이 실패한 것을 두 번째 아담인 예수께서 회복시킨 것처럼 보아스가 해낸 것이다. 예수님의 족보에 오벳이 보아스의 아들로 올라간 것은 큰 손해를 감수하고 고엘이 되어 준 보아스에 대한 하나님의 보상일 수 있다.

배우자 기도

어떤 자매가 남편감을 두고 기도를 많이 했다. 키, 얼굴, 직업, 학벌, 집안 등 구하지 않은 것이 없었다. 조건에 다 맞는 남자를 만나 결혼을 했는데 남편이 일찍 죽어 버렸다. 그랬더니 배우자의 수명을 두고 기도하지 않아서 그렇게 됐다고 했다. 진짜인지 만든 얘기인지는 알 수 없다. 뭘 말하고 싶은 예화인지도 모르겠다. 수명을 포함해 빠짐없이 기도하라는 말인가? 사람의 기도에는 한계가 있다는 말인가?

배우자 기도는 어떻게 해야 할까? 원하는 대로 욕심껏 기도해도 될까? 아니면 하나님이 나를 위해 예비하신 사람을 알아보면 되는 걸까?

나는 배우자 기도에 앞서 본인이 어떤 결혼생활을 원하는지 생각해야 한다고 본다. 결혼을 했다고 해서 사람이 갑자기 바뀌지는 않는다. 따라서 자신이 원하는 것은 완전히 뒷전에 두고 너무 신령하게 기도하거나, 대놓고 욕심껏 기도하는 것은 결국 후회하게 되어 있다.

먼저 자기 가치관이 잘 반영된 기도를 하기 바란다. 학벌 좋고, 집안 좋고, 경제적으로 안정된, 어디 내놓아도 빠지지 않는 배우자를 구하지 말라는 말은 아니다. 단, 이런 기도를 하고 있다면 응답을 받기 전에 자신이 얼마나 속물인지는 깨닫기 바란다.

만일 욕심껏 기도한 내용에 부합한 짝을 만났다면 뭔가 잘못된 것이니 자체 경계경보를 발령하기 바란다. 하나님이 나를 사랑하신다면 욕심껏 하는 내 기도를 다 들어주실 리가 없기 때문이다. 하나님의 응답이라고 생각했으나 나중에 땅을 치고 후회할 수도 있기 때문에 자신의 기도가 얼마나 세속적인지 반드시 확인할 필요가 있다.

현재 그리스도와 함께 사는 것이 너무 좋아서 함께 누릴 사람을 만나고 싶다면 이 소원으로 기도하면서 사람을 찾으면 된다. 그런데 이런 사람을 만난다고 해서 세상의 풍파가 비껴가는 것은 아니다.

내가 어떤 선택을 하고 누구와 결혼을 하든 하나님께서는 나와 함께하시며 내가 성숙한 그리스도인으로 자라도록 도우실 것이다. 이것이 배우자 기도를 하기 전에 반드시 알아야 할 진실이다.

어른의 사전적 의미는 '결혼한 사람, 나이가 많은 윗사람, 자신의 선택에 책임을 지는 사람'이다. 결혼생활은 자신의 선택(배우자를 선택한 것)에 책임을 지는 어른으로 살아가는 지루한 여정이다. 짧은 밀월여행이 아니다.

결혼은 이삭과 리브가처럼 지지고 볶으며 사는 삶의 출발이다. 그렇기 때문에 사람을 찾기 전에 내가 어떤 사람인지를 알아야 한다. 내가 절대 포기할 수 없는 '그것'(가치관이든 사는 방식이든)이 무엇인지 알아야 지지고 볶을 때 이혼을 생각하지 않는다. 이삭의 가정을 봐도 그렇고, 야곱의 가정을 봐도 그렇다. 그들의 결혼생활이 전쟁에 가까웠다는 사실을 기억하기 바란다.

어느 정신과 의사는 처음 온 환자에게 꼭 이 질문을 한다고 한다. "배우자와 부모가 물에 빠졌을 때 누구를 먼저 구하실 건가요?" 대부분 즉답을 못하고 누가 수영을 할 줄 아나, 누구에게 내가 더 필요한가를 생각한다고 한다.

정답이 뭘까? 정신과적 답은 '배우자'이다. 부모는 내가 선택한 사람이 아니지만 배우자는 내가 선택한 사람이다. 어른은 자기 선택에 책임을 지는 사람이기 때문에 어른이라면 배우자를 구하겠다는 대답이 맞다는 것이다. 고부갈등에서 남편은 아내 편을 들어야 맞다는 뜻이기도 하다.

하지만 대답을 망설이는 이유는 자신이 어른이라는 것과 결혼은 자신의 선택에 책임지는 과정임을 모르기 때문이다. 어른으로서 배우자를 책임지고 살 생각이 있다면 결혼을 하고, 책임질 준비가 되지 않았다면 하지 말라는 것이 정신과 의사의 조언이다.

선택과 책임

우리가 누구와 결혼하든 하나님께서는 각자의 선택에 맡기신다고 나는 생각한다.

이렇게 말하는 근거는 인간이 자유롭게 창조되었기 때문이다. 하나님은 사람을 자기 뜻대로 조정하는 마리오네뜨(꼭두각시 인형)로 창조하지 않으셨다. 사람이 줄 달린 인형처럼 창조되었다면 아담이 선악과를 먹지도 않았을 것이다.

룻과 보아스는 첫 만남에 결혼할 사이는 아니었다. 이들은 결혼하기까지 여러 선택의 기로에 놓였고 그 선택으로 상황이 변했다. 결과적으로 봤을 때 하나님의 계획이고 운명인 것이다. 진행형일 때는 미크레인지 아닌지 아무도 모른다.

아담에게 선악과를 먹을지 말지 선택할 자유를 주신 하나님께서 배우자를 선택할 자유를 주시지 않았을까? 나는 주셨다고 본다. 단, 선택에 대한 책임은 본인이 져야 한다.

결혼 적령기가 된 교인들은 배우자를 만나기 위해 기도한다. 만났을 때 하나님이 예비하신 짝인지 아닌지 알려는 것이다. 자기가 기도한 리스트에 부합하면 대부분 하나님이 주신 짝으로 믿는다. 왜 그 사람과 결혼하려는 것일까? 그 사람과 결혼하면 어려움이 없을 것 같아서?

하나님이 짝으로 예비하셨던 이삭과 리브가를 보라. 그들의 결혼 생활은 결코 평탄하지 않았다. 이삭은 고기만 사랑하는 편식가였고, 아내는 이것을 이용해 작은아들에게 장자권을 훔치라고 했다. 쌍둥이 아들들은 장자권 문제로 죽네 사네 싸웠고, 오빠네 집으로 피신시킨 작은아들은 결국 죽을 때까지 볼 수 없었다. 큰아들은 구원에서 벗어난 여자들과 결혼하여 리브가의 속을 썩였다.

그러니 하나님이 예비하신 짝을 만나면 현세의 복을 누리는 삶을 살 것이라는 환상은 버리는 게 좋다.

나는 사람과의 만남에 운명을 갖다붙이는 것을 좋아하지 않는다. 운명의 상대니, 운명적으로 만났다느니 하는 것 말이다. 운명 대신 '하나님이 붙이신 사람'이라는 표현도 쓰는데 이런 말은 상대가 빠져나가지 못하도록 치는 그물같이 느껴진다.

혼자 산다고 해서 하나님의 계획이 없는 것이 아니고, 하나님의 뜻을 거역하는 것이라고 단정할 수도 없다. 이혼도 마찬가지다. 작정 기도도 하고 하나님의 뜻이 분명하다고 믿고 결혼했어도 헤어질 수 있다. 나는 이혼을 인생의 실패로 간주하는 것에 반대한다. 이혼이 사랑의 실패는 될 수 있어도 하나님의 계획이 실패한 것은 아니기 때문이다. 사마리아 여인처럼 네 번 이혼하고 다섯 번째 남자와 동거를 해도 예수 그리스도를 구주로 삼고 그가 주시는 생명을 누리고 산다면 하나님의 계획은 성공한 것이고 그 인생도 성공한 것이다.

하나님의 목표는 사람에게 하나님의 심판에서 피할 기회(미크레)를 주고 영생을 얻게 하는 것이다. 따라서 하나님은 우리가 사는 동안 이 모양 저 모양의 우연(미크레)을 만들어 예수 그리스도를 영접할 기회를 주실 뿐이지, 우리의 팔다리를 실에 묶어 자신이 점지한 짝에게 이끌어 가시지는 않는다. 설사 하나님이 맺어 주신 짝이라는 확신이 두 사람에게 있더라도 사는 동안 풍파도 없고 지지고 볶는 일도 없으리라는 보장은 없다.

행운에 관한 통념

수십 년간 행운을 연구했다는 일본 사람의 글을 읽은 적이 있다. 그는 행운을 '하늘의 예쁨을 받는 것'으로 정의했다. 하늘(신적인 존재)이 예뻐하는 사람에게 행운을 준다는 것이다. 이 사람이 말하는 행운은 돈벼락, 벼락출세 같은 예기치 못한 복이었다.

그는 행운을 만난 사람들을 수십 년간 조사해 보니 남에게 베푼다는 공통점을 갖고 있었다고 했다. 남에게 베풀면 하늘이 어여삐 여겨 언젠가는 부자도 되고, 자식도 잘된다는 것이다. 어쩌면 이리도 현세적인가.

전 재산을 나라의 독립을 위해 썼지만 집안은 풍비박산 나고 자식들은 교육도 받지 못한 기초생활수급자로 살다가 비참하게 죽은 독립영웅들도 많다. 반면, 평생 기회주의자로 살면서 바뀌는 권력마다 줄을 대고 부정을 일삼았는데 부자로 무병장수했던 사람도 많다. 행운이 베푸는 행위에 달렸다고 일반화할 수 없다는 얘기다.

행운(미크레)에 대한 나의 입장은 이 땅에서 잘사는 것은 행운(미크레)의 대상이 될 수 없다는 것이다. 수십 년 동안 잘 먹고 잘살다 결국 멸망한다면 그것이 무슨 행운이겠는가? 예정된 비극적 결말을 기쁨으로 바꿔 주는 진짜 행운은 예수 그리스도를 주인으로 영접하는 것뿐이다.

어떤 인간도 하나님의 택하심 없이 스스로 하나님을 찾고 예수 그리스도를 자기 주인으로 삼지 못한다. 성경의 증언에 의하면 "의인은 하나도 없다"(롬 3:10). 하나님의 은혜로 인한 택하심이 없었다면 단 한 사람도 구원을 얻을 수 없다는 얘기다. 진정한 행운(미크레)은 조건 좋은 상대를 만나 결혼하는 것이 아니라 궁극적 고엘이신 예수 그리스도와 결혼하는 것이다.

룻이 고엘을 만난 것은 하나님의 계획이었지만 보아스가 고엘 역할을 할지 말지는(룻과 결혼을 할지 말지도) 보아스의 선택에 달려 있었다. 하나님은 보아스의 팔과 다리에 실을 달아 인형처럼 조정하지 않으셨다.

그럼에도 불구하고 한국 교인들은 하나님의 계획을 너무 운명적으로 여기는 것 같다. 한국 문화 자체가 타고난 팔자를 못 바꾼다는 샤머니즘에 깊이 물든 까닭인지도 모르겠다.

안식을 위하여

룻기에서 가장 이해가 안 되는 부분은 룻이 타작마당으로 가는 장면일 것이다. 싫지만 순종하려고 간 것인지, 본인도 원한 것인지 헷갈린다. 이것을 절대 순종으로 보는 주석가들도 많다. 나오미에 대한 신뢰가 절대 순종을 만들어 냈다는 것이다.

그러나 이것은 순종의 문제가 아니다. 그 시대에는 이렇게 하는 것이 재혼하는 방법이었을 것이다. 나오미는 보아스에게 시집가는 방법을 알려 줬고 룻은 그 방법을 따른 것이다. 룻도 보아스와 결혼하기를 원했으니 타작마당에서 보아스가 잠들 때까지 기다렸을 것이다. 나오미는 룻을 보아스가 자는 타작마당으로 보내면서 이렇게 말했다.

"내 딸아 내가 너를 위하여 **안식할 곳**을 구하여 너를 복되게 하여야 하지 않겠느냐"(룻 3:1).

"안식할 곳(마노하)"은 '가정, 휴식처'라는 뜻인데 나오미가 말하는 '마노하'는 결혼으로 생기는 가정이라는 의미를 넘어선다.

고대 이스라엘 사람들에게 '안식'은 '하나님과 함께 가나안 땅에 살다가 가나안 땅에 묻히는 것까지'를 말한다. 죽어서도 하나님과 함께 있는 것이 안식이기 때문에 여자는 이스라엘 자손과 결혼해 가족묘에 뼈를 묻어야 안식을 얻었다고 여겼다. 나오미는 룻에게 이런 안식을 주고 싶었던 것이다.

룻도 안식을 원했을까? 그렇다. 룻이 타작마당으로 간 이유는 분명했다. 국경을 넘을 때 룻은 이렇게 말했다.

"어머니께서 죽으시는 곳에서 나도 죽어 거기 **묻힐 것**이라…"(룻 1:17).

여기서 '묻히다'로 번역된 '카바르 קבר'는 매장한다는 뜻인데 이스라엘 사람들은 가족묘에 함께 매장하는 장례문화가 있었다. 이는 단순한 문화가 아니라 안식의 문제였고 인생의 끝을 결정하는 신앙의 문제였다.

자연인 보아스와 결혼하는 것과 고엘인 보아스와 결혼하는 것의 차이는 무엇일까? 보아스가 고엘로서 결혼해 아들을 낳으면 그 아이는 죽은 말론의 아들이 되어 죽은 엘리멜렉의 땅을 물려받게 된다. 하지만 보아스가 한 사람의 남자로서 룻과 결혼해서 아들을 낳으면 그 아이는 보아스의 아들이 된다. 이 경우 룻은 안식할 가정을 얻고 행복해지겠지만 나오미는 뼈 묻을 곳도 없는 안식 없는 여인이 된다.

나오미는 룻이 안식할 가정을 얻게 하려고 타작마당으로 보냈고
룻은 그 기회를 나오미의 안식을 얻을 기회로 삼은 것이다.
누가 안식을 얻을지는 보아스에게 달려 있었다.

미크레(행운)에 대한 오해

하나님의 은총에 일반은총(햇빛, 공기, 물과 같은 것)과 특별은총(구원 같은 것)이 있듯이 사람들에게는 '일반적인 행운(하늘의 예쁨을 받았다는 표현이 가능한)'이 있고 하나님이 택한 자(구원을 얻을 자)에게는 일어나는 '계획된 행운'이 있다. 따라서 나에게 복된 사건(결혼, 승진, 합격 등)이 일어나더라도 그것은 미크레가 아니다.

하나님이 나를 특별히 예뻐해서 나에게 유리한 사건을 주셨다고 해석하면 정말 위험해진다. 그 순간 하나님의 은혜는 사라지고 자기에게서 그럴듯한 이유를 찾기 때문이다.

두 아이를 명문대에 보낸 엄마가 간증을 했다. 아이들을 데리고 매일 큐티한 덕분에 하나님이 축복해 주셨다는 것이다. 여기서 말하는 축복은 명문대 합격을 말한다. 타고난 좋은 지능이나 부유한 가정환경이 명문대 합격에 더 큰 작용을 했을 수도 있다. 하지만 이런 조건은 생각하지 않고 큐티 간증만 듣는 교인들은 이상한 지점에 빠질 수 있다.

최악의 경우는 이 간증을 듣고 '내일부터 우리 애랑 열심히 큐티 해야지'라고 작정하는 교인이다. 겉으로는 아니지만 속으로는 명문대 합격을 꿈꾸며 큐티를 할 수 있기 때문이다. 이런 사람이 많아지면 그 교회에는 명문대 합격을 위한 큐티 모임이 생길 수도 있다. 이런 모임을 하나님이 기뻐하신다고 믿는다면 무서울 것 같다.

간청하건대 예수 그리스도를 만나는 미크레(기회, 행운)를 포함한 개인적 행운을 내 행위에 대한 보상으로 생각하지 말아야 한다. 이것이 마지노선이다. 이 선은 넘지 말아야 한다.

그러면 개인적인 행운을 어떻게 이해해야 하나? 은혜다. 받을 자격이 있어서 받은 것이 아니라 하나님이 그냥 주셨기 때문이다. 보상이면 자랑할 것이 있겠지만 은혜면 자랑할 것이 하나도 없다.

좋은 머리를 갖고 태어난 것, 좋은 환경 속에 자란 것이 어떻게 보상일 수가 있는가? 자신이 가진 모든 것을 은혜로 깨닫는 자는 이 은혜를 어떻게 나눌까만 생각하게 되어 있다. 하지만 자기에게 주어진 것이 보상이며 하나님이 특별히 예뻐해서 주셨다고 이해하면 받은 것을 나누기는커녕 자랑하려고만 든다.

뜻밖의 고민

고민이 생겼다. '오벳의 족보' 때문이다. 룻이 낳은 아기인 오벳은 나오미의 아들이라는 뜻이다. 오벳은 죽은 말론의 아들 자격으로 나오미의 부양자가 되었다. 그런데 오벳은 말론의 족보가 아닌 보아스의 족보에 올랐다. 오벳은 대체 누구의 아들일까?

보아스는 첫 번째 고엘로부터 고엘 자격을 사면서 사람들 앞에서 이렇게 약속했다.

"말론의 아내 모압 여인 룻을 사서 나의 아내로 맞이하고 그 죽은 자의 기업(**엘리멜렉이 잃은 땅**)을 그의 이름으로 세워 그의 이름이 그의 형제 중과 그곳 성문에서 끊어지지 아니하게 함에 너희가 오늘 증인이 되었느니라 하니"(룻 4:10).

이 약속대로라면 오벳은 말론의 족보에 올라야 한다. 그러나 룻기 4장이나 누가복음 3장에 나오는 족보를 보면 오벳은 보아스의 아들로 되어 있다. 하나님부터 예수님까지 이르는 족보에 말론이 아닌 보아스가 등장하는 것이다. 오벳은 왜 보아스의 아들로서 하나님의 족보에 올랐을까?

구약에서 잘 이해가 안 되는 부분은 예수님과 연결하면 해결되는 경우가 많다. 오벳의 족보도 마찬가지다. 보아스가 낳았지만 나오미의 아들로 불린 오벳은 하나님의 아들이자 여자의 후손이셨던 예수 그리스도의 이중성(duality)과 일치한다. 예수님이 하나님의 독생자이자 여자의 후손으로 오신 그리스도인 것처럼 오벳 역시 이런 이중성을 가진 것이다.

오벳의 탄생이 온 마을의 기쁨이 된 이유는 예견된 어려움에서 건져 주시는(고엘) 하나님에 대한 감사 때문이었다. 이는 아무 소망 없는 인류에게 예수 그리스도를 보내셔서 예견된 비참한 종말에서 구해 주시는 하나님에 대한 감사를 예표하는 행위이기도 했다.

오벳의 탄생이 역사적 의미를 갖는 까닭은 그가 장차 이스라엘의 왕이 된 다윗의 조부라서가 아니다. 훗날 오벳과 같은 이중성을 갖고 태어날 메시아(그리스도)의 탄생을 상징하기 때문이다. 하나님은 이 구원사역에 나오미의 쓰디쓴 인생과 룻의 용기를 사용하신 것이다.

나는 베들레헴 사람들도 특별했다고 생각한다. 이들이 살던 시대는 하나님을 무시하기 때문에 율법도 무시하던 사사시대였다. 베들레헴 사람들도 율법을 무시하는 것처럼 보였지만 이들은 하나님의 은혜를 기대하기 때문에 율법을 넘어서는 시도를 했다. 율법을 지키지 않는 이유가 사사시대 사람들과 정반대였던 것이다. 베들레헴 주민들이 하나님의 은혜에 대한 기대 없이 율법에만 함몰된 자들이었다면 룻은 보아스와 결혼은커녕 이스라엘에서 추방당했을 것이다.

우리도 마찬가지다. 타락한 교인들 때문에 교회가 손가락질을 받고 하나님의 이름이 땅에 떨어진 시대를 살고 있지만 우리 중 일부라도 베들레헴 사람들처럼 하나님의 은혜를 기대하고 산다면 희망은 있다.

성전의 기둥 보아스

솔로몬 성전 앞에는 커다란 기둥이 둘 있었다. 두 기둥은 당시 제사장이었던 '야긴'과 룻의 남편 '보아스'라는 이름으로 불렸다.

율법을 어겼을 때 제사를 드려 죄 사함을 받는 장소가 성전이기 때문에 기둥 하나를 당시 제사장 야긴으로 정한 것은 이해가 된다.

그런데 나머지 기둥을 왜 하필 보아스라고 이름 붙였을까? 다윗이 준비한 재료들로 성전을 지었으니 기둥 하나는 다윗이라고 하든가, 율법 때문에 세워진 성전이니 모세라고 해도 될 것 같은데 말이다. 그 이유는 이방인들을 위한 솔로몬의 기도로 알 수 있다.

"또 **주의 백성 이스라엘에 속하지 아니한 자** 곧 주의 이름을 위하여 먼 지방에서 온 **이방인**이라도 그들이 주의 크신 이름과 주의 능한 손과 주의 펴신 팔의 소문을 듣고 와서 **이 성전을 향하여 기도하거든** 주는 계신 곳 하늘에서 들으시고 **이방인이 주께 부르짖는 대로 이루사** 땅의 만민이 주의 이름을 알고 주의 백성 이스라엘처럼 경외하게 하시오며 또 내가 건축한 이 성전을 주의 이름으로 일컫는 줄을 알게 하옵소서"(왕상 8:41-43).

솔로몬 성전의 기능은 모세의 성막과 같았다. 율법을 어긴 죄를 지으면 제사로 죄 사함 받는 곳이 성막이었듯이 성전도 같은 용도인 것이다. 솔로몬 성전이 세워진 모리아 산은 아브라함이 이삭을 바치려 했던 곳이었고, 하나님의 심판이 멈춘 아라우나의 타작마당이 있었던 곳이다(삼하 24:16-21). 하나님의 심판과 은혜가 공존하는 곳이 성전인데 이런 성전의 두 기둥을 야긴과 보아스라고 한 까닭은 야긴은 심판을, 보아스는 은혜를 상징하기 때문일 것이다. 이런 의미에서 두 이름은 성막의 본체인 예수 그리스도의 사역을 상징한다고 하겠다.

하나님의 은혜를 상징하는 기둥의 이름이 하필 보아스인 이유는 솔로몬 성전은 이스라엘뿐 아니라 열방을 위한 곳이었기에 이방 여인 룻을 은혜로 품었던 보아스처럼 이방인들을 은혜로 품어 달라는 뜻이기도 하다.

성령에 감동된 솔로몬은 이 성전을 향해 기도하면 죄를 사해 주시고, 이방인도 이곳에서 기도하면 그것을 들어 달라고 기도했다. 보아스가 율법에 명시된 고엘의 의무보다 더 큰 은혜를 베풀었듯이 율법을 넘어서는 은혜를 베풀어 달라는 뜻일 것이다.

사람이 아무리 율법을 잘 지킨다 해도, 아무리 제사로 속죄한다 해도 완벽할 수는 없다. 사람의 불완전성 때문에라도 하나님의 은혜는 필수다.

기다릴 결심

은혜는 자격이 없는 자에게 주시는 하나님의 호의를 뜻한다. 그런데 하나님의 은혜는 심 봉사가 눈을 뜨는 것처럼 극적으로 오지 않는다. 하나님의 은혜는 사람들이 다 알아보게끔 나타나지 않는다.

율법으로 금한 시기에 이삭줍기를 허락한 보아스를 통해 하나님의 은혜가 나타났듯이 주의 깊지 않으면 놓칠 정도로 작은 것이 하나님의 은혜다. 통이 큰(?) 사람들은 "그 정도가 무슨 하나님의 은혜냐?"라고 할 정도로 작게 느낄 수도 있다. 그래서 하나님의 은혜는 믿음의 눈으로 보아야 보인다.

나오미는 룻이 가져온 보리이삭 자루를 보면서 율법보다 은혜가 먼저라는 것을 깨달았다. 이에 나오미는 담대해지기 시작했다. 담대함은 하나님의 은혜를 기대하는 사람들의 특징이기도 하다.

담대해진 나오미는 룻의 가정을 만들어 주는 데 미크레(기회)를 쓰기로 결심한다. 그리고 추수가 끝날 때까지 기다리기로 한다. 6주가 지났다. 나오미는 보아스가 자는 타작마당으로 룻을 보냈다. 보아스에게 시집보내려는 것이다. 성사 여부는 하나님 손에 달려 있음을 나오미는 알고 있었다.

"사람이 마음으로 자기의 길을 계획할지라도 그의 걸음을 인도하시는 이는 여호와시니라"(잠 16:9).

믿음은 하나님의 선하심을 믿는 데서 출발한다. 내가 원하는 그림을 얻기 위해 하나님의 능력을 이용하는 것이 아니라 선하신 하나님의 성품을 믿기 때문에 하나님의 때를 기다리는 것이 믿음이다.

10년 전, 나오미와 그의 가족은 하나님의 선하심을 믿는 데 실패했다. 그래서 흉년이 들자 그 땅을 떠났다. 그러나 지금은 다르다. 하나님의 은혜를 기대하게 된 나오미는 기다릴 결심을 했다. 기다림이 곧 믿음인 것을 이제는 알기 때문이다.

나는 기다릴 결심이 서 있는가?

Chapter
02

향수

향수의 단계

향수의 향은 탑 노트(top note), 미들 노트(middle note), 베이스 노트(base note)로 나눈다. 탑 노트는 향수를 뿌리자마자 나는 첫 향으로 사람으로 치면 첫인상에 해당된다. 미들 노트는 향수를 뿌리고 시간이 조금 지난 뒤에 나는 향기로 탑 노트보다는 오래가지만 이 역시 빠르게 사라진다. 베이스 노트는 가장 오래 지속되는 향으로 잔향이라고 부른다. 베이스 노트가 좋은 것을 일반적으로 좋은 향수라고 한다.

싸구려 향수를 뿌려 보면 이것이 무슨 말인지 알 수 있다. 처음에는 비싼 향수 같은 향기가 나지만 시간이 지나면 머리가 아파 온다. 베이스 노트의 차이 때문이다. 향수의 정체성은 잔향이 말해 준다고 할 수 있다.

향수에 따라서 노트의 구분이 없는 경우도 있다. 샤넬의 '알뤼르'가 여기에 속한다. 알뤼르는 한꺼번에 꽃향기가 쏟아져 그대로 흘러간다. 그러나 대부분의 향수는 탑, 미들, 베이스 이렇게 3단계로 향기가 나뉜다.

향수는 향의 배합 순서에 따라 향이 달라지기 때문에 재료를 다 안다고 해도 똑같이 만들기가 어렵다. 조향사의 능력에 따라 최고의 향수가 탄생할 수도 있고 반대가 될 수도 있다. 아무리 기계가 발달했어도 향수의 세계는 인간의 감각을 따라올 수 없다. 그런데 요즘은 인공지능(AI)이 우디향, 풀향, 흙향처럼 거의 비슷한 향을 감별하는 수준까지 왔다니 조만간 인공지능이 만든 향수를 경험할지도 모른다.

특정 향수가 날개 돋힌 듯 팔리면 그 향을 흉내 내는 향수들이 줄을 잇는다. 조말론에서 프리지아 향수를 출시했을 때 향수 회사들은 앞다투어 프리지아향 향수를 만들어 냈다. 그러나 오리지널을 따라잡지는 못했다. 들어가는 재료의 양과 배합 순서를 정확히 모르기 때문이기도 하고 잔향까지 똑같이 만들기는 어렵기 때문이다.

향수를 샀는데 얼마 안 가서 잘못 구입했다고 하는 경우는 첫 향(탑 노트)에 반해서 산 경우이다. 시간을 갖고 베이스 노트를 확인한 뒤 고른 향수는 실패가 없다. 향수 이야기를 하자니 너무 속물 같지만 향수 이야기는 성경에도 나온다.

그리스도의 향기

"우리는 구원받는 자들에게나 망하는 자들에게나 하나님 앞에서 그리스도의 향기(**유오디아**)니"(고후 2:15).

보통 이 말씀은 어떤 행동을 해야 그리스도인답게 보이느냐는 묵상의 재료가 된다. 그래서 친절, 공손함, 정직 등의 덕행이 떠오른다. 그러나 이는 향수로 치면 탑 노트(첫 향)에 불과하다. 종교가 없거나 불교 신자들이 훨씬 좋은 첫 향(첫인상)을 갖는 경우도 많다. 그러면 어떻게 하라는 것인가?

말씀을 자세히 보면 '사람들 앞에서'가 아니라 '하나님 앞에서' 그리스도의 향기가 난다는 것이다. 하나님이 우리에게서 그리스도의 향기를 맡으신다는 뜻이다. 이것이 가능한가?

비슷한 일이 창세기 27장에 기록되어 있다.[1]

야곱은 아버지 이삭 앞에서 에서인 척하기 위해서 '에서의 옷'을 이용했다. 야곱에게서 에서의 냄새가 나자 이삭은 야곱을 에서로 착

---

[1] 창 27:27-28 그가 가까이 가서 그에게 입 맞추니 아버지가 그의 옷의 향취를 맡고 그에게 축복하여 이르되 내 아들의 향취는 여호와께서 복 주신 밭의 향취로다 하나님은 하늘의 이슬과 땅의 기름짐이며 풍성한 곡식과 포도주를 네게 주시기를 원하노라

각했다. 눈이 먼 아버지가 냄새로 식별할 수밖에 없다는 점을 이용한 것이다.

눈먼 이삭이 에서의 옷 때문에 야곱을 에서로 여긴 것처럼 하나님은 그리스도의 옷을 입은 우리에게서 그리스도의 냄새를 맡으신다. 이삭은 눈이 안 보여서 에서의 옷을 입은 야곱에게 속았지만 하나님은 눈이 멀지 않았고 속지도 않으신다.

그런데 왜 하나님이 눈을 감고 향기를 맡으시는가? 스스로 눈을 감으셨다고 생각하면 좋을 것 같다. 눈을 감는 대신 향기로 분별하기로 작정하신 것이다. 그래서 그리스도의 옷을 입은 자들을 자기 아들로 간주하시는 것이다.

이삭은 야곱의 첫 향에 속아서 섣불리 에서라고 판단했지만 그리스도의 옷은 다르다. 그리스도의 옷은 사람의 잔향까지 바꾼다. 하나님은 그것을 알기 때문에 그리스도의 옷을 입은 사람을 자기 아들로 간주하시는 것이다.

그리스도의 향수에서 잔향(베이스 노트)은 무엇일까?

유오디아

향기(fragrance)로 번역된 '유오디아 εὐωδία'는 '좋은'이라는 뜻의 유(εὐ)와 '냄새, 악취'라는 뜻의 오디아(ωδία)가 결합된 단어다. 이는 냄새(악취)나는 사람이 그리스도와 결합해 악취는 사라지고 하나님 앞에서 그리스도의 향기를 풍기는 향수가 된다는 뜻이 된다.

그리스도께서 우리의 머리(대표자)가 되신 이유는 우리를 천국 백성 삼으시는 것이 전부가 아니다. 우리를 하나님 앞에서 자신과 같은 향기가 나는 존재가 되게 하려고 우리의 머리가 되신 것이다. 그분은 '유오디아 εύωδί'라는 단어처럼 악취 나는(오디아) 우리와 결합해 우리를 하나님 앞에서 그리스도의 향기가 되게 하셨다.

그리스도인(Christian)이란 그리스도(Christ)와 연합한 사람(man)이라는 뜻이다. 그는 악취 나는 우리에게 자신의 피 묻은 옷을 입히고 우리와 하나가 되셨다. 하나님은 그리스도의 이 사역을 기뻐하셨다. 그래서 기꺼이 우리를 자신이 사랑하는 아들로 받아들이신 것이다.

우리를 영원히 떠나지 않는 그리스도 덕분에 우리는 그의 향기가 될 수 있었다. 우리에게는 하나님이 사랑하는 아들, 그리스도의 냄새가 난다. 야곱이 에서로 여김을 받아 장자의 축복을 받았듯이 그리스도의 옷을 입은 우리를 자기 아들로 여기고 하나님의 아들로서 축복을 받게 하신 것이다. 하나님의 눈먼 사랑이 일으킨 합법적인 기적이다.

이제 우리의 정체성은 그리스도다. 내가 착한 일을 해서가 아니라 그리스도를 구주로 믿어 그분이 나와 결합하셨기 때문이다. 그는 나의 향기가 되었다. 사람들은 몰라도 하나님은 내게서 그리스도의 향기를 맡으신다.

그리스도를 나의 구세주로 믿기만 하면 하나님이 나를 자기 아들로 여긴다는 것인가? 결론적으로는 그렇다. 그러나 삶 속에서 날마다 그리스도를 머리로 여기는 것은 생각보다 어렵다. 현재 교회의 명예가 땅에 떨어진 이유는 많은 그리스도인들이 말로만 그리스도를 주라고 말하기 때문이다. 그리스도가 할 법한 일은 멀리하면서 입으로만 그리스도의 주 되심을 인정하니까 이 지경이 된 것이다.

사람이면 누구나 시대의 어려움과 질병, 재산, 직장, 자식 문제를 포함한 인생의 어려운 문제들을 겪는다. 그리스도인이라고 해서 이러한 문제들을 비켜 갈 수는 없다. 하지만 적어도 그리스도인은 그리스도와 함께 어려움을 헤쳐 나가려고 애쓴다. 이 과정을 하나님은 냄새로 여기신다. 범사에 그리스도의 옷을 벗고 저렇게 사는지 입고도 저렇게 사는지, 탑 노트만 비슷한 유사 그리스도인인지 아닌지를 하나님은 그리스도의 냄새로 아신다는 얘기다.

하나님 앞에 서는 날, 내게서 고상한 그리스도의 잔향이 나는지, 세속의 썩은 잔향이 나는지 고스란히 드러날 것이다.

하나님 앞에서만 그리스도의 향기를 풍기면 되는 것인가? 아니다. 이에 대해 바울은 이렇게 말했다.

"항상 우리를 그리스도 안에서 이기게 하시고 우리로 말미암아 **각처에 서 그리스도를 아는 냄새를 나타내시는 하나님께** 감사하노라"(고후 2:14).

내가 그리스도의 향기라면 각처로 퍼져 나가야 한다. '각처'란 특정 장소라기보다 '예수 그리스도를 안 믿는 사람들이 있는 어느 곳이냐'라는 뜻이다. 멀리 있든 가까이 있든 그리스도를 모르는 사람들이 나를 통해 그리스도의 향기를 맡게 되는 것이다. '각처에서'로 번역된 '엔 판티 토포'는 모든 장소라는 뜻이다. 이 말은 말라기 선지자도 한 적이 있다.

> "만군의 여호와가 이르노라 해 뜨는 곳에서부터 해 지는 곳까지의 이방 민족 중에서 내 이름이 크게 될 것이라 **각처에서** 내 이름을 위하여 분향하며 깨끗한 제물을 드리리니 이는 내 이름이 이방 민족 중에서 크게 될 것임이니라"(말 1:11).

"각처에서"로 번역된 히브리어 '콜 마콤'은 모든 장소라는 뜻이다. 고린도후서 2장 14절에 나오는 헬라어 '각처에서'(엔 판티 토포)와 뜻이 같다. 지금까지는 예루살렘 성전에서만 하나님께 예배할 수 있었지만 앞으로는 모든 장소에서(각처에서) 예배를 드릴 수 있는 새로운 시대가 열린다고 말라기 선지자가 예언한 것이다.

요한복음 4장[2]에서 예수님이 사마리아 여인에게 주신 말씀은 즉흥적인 것이 아니라 말라기의 예언이 성령과 진리를 통해 이뤄질 것임을 알려 주신 것이었다.

---

[2] 요 4:21-24 예수께서 이르시되 여자여 내 말을 믿으라 이 산에서도 말고 예루살렘에서도 말고 너희가 아버지께 예배할 때가 이르리라 너희는 알지 못하는 것을 예배하고 우리는 아는 것을 예배하노니 이는 구원이 유대인에게서 남이라 아버지께 참되게 예배하는 자들은 영과 진리로 예배할 때가 오나니 곧 이때라 아버지께서는 자기에게 이렇게 예배하는 자들을 찾으시느니라 하나님은 영이시니 예배하는 자가 영과 진리로 예배할지니라

바울은 말라기의 "각처에서"를 인용하면서 이방인을 포함한 모든 족속이 (예루살렘 성전이 아닌) 모든 지역에서 드리는 예배를 받으시는 하나님을 찬양했다. 그러면 각처에서 하나님께 예배드리는 것만이 그리스도의 향기인가?

그리스도를 아는 냄새

그리스도를 아는 냄새(오스멘 테스 그노세오스)를 직역하면 '그의 지식의 향기'이다. 그리스도인들은 하나님 앞에서만 그리스도의 향기를 발하는 사람이 아니라 각자 사는 곳에서 그리스도를 아는 냄새를 발해야 하는 사람들이다.

그래서 내 주변 사람들이 언젠가 결단해야 하는 순간에 그리스도를 찾게 만들어야 하는 것이다. 이것이 하나님께서 우리를 통해 그리스도를 아는 지식의 향기를 풍기시는 이유다.

그리스도의 지식의 향기란 무엇일까?

첫째는 구약에 예언된 여자의 후손, 메시아(그리스도)가 예수라는 것을 아는 지식을 말한다. 둘째는 그리스도 예수 안에 모든 구원의 비밀이 있고 하나님은 오직 예수 그리스도를 믿는 믿음을 통해서만 사람들을 받아 주신다는 지식을 말한다.

우리를 통해 퍼져 가는 그리스도의 지식의 향기는 아직 완전히 퍼지지 않았다. 그리스도를 아는 지식은 우리 믿음이 장성한 분량에 이르기까지 계속되기 때문이다.

나는 사람의 첫 향에 질려서 잔향이 퍼지기도 전에 자리를 뜬 적도 있고, 첫 향에 반해 잔향까지 좋을 것이라고 짐작하다가 낭패를 당한 경우도 있다. 각 사람의 첫 향(탑 노트)은 타고난 기질이나 성격에 따라 다를 수도 있고, 개인적으로 매력을 느끼지 못하는 향일 수도 있다.

하지만 그리스도인의 잔향은 그리스도를 아는 지식이 있는 자와 없는 자가 완전히 다르다. 첫 향은 비슷하거나 더 좋아 보일지 모르지만 잔향은 전혀 다르다. 아무리 행실이 좋아 보여도 잔향 안에 교주에 대한 충성만 있거나, 자기 교주를 그리스도라는 지식을 가진 자로 여기는 향기는 역겨운 악취일 뿐이다.

> *"우리로 말미암아 각처에서 그리스도를 아는 냄새(fragrance)를 나타내시는 하나님께 감사하노라"*(고후 2:14).

기억

향수는 기억과 아주 밀접하다. 희한하게도 눈으로 보는 것보다 냄새가 훨씬 깊은 기억을 끌어올리고 오래 기억된다. 낙엽 태우는 냄새와 단풍 구경 중에 더 오래 가는 기억은 단연코 냄새다.

눈이 기억하는 광경은 처음의 감동이나 효과를 동일한 강도로 재생시키지 못한다. 그러나 냄새는 우리를 처음 그 향기를 맡았던 그 시간 속으로 데려간다. 그리고 일어난 사건들을 동시에 떠올리게 한다. 냄새의 기억은 눈으로 보는 것보다 강하다.

중학교 때 피어리스라는 별명을 가진 선생님이 계셨다. 남자애들이 붙인 별명이었다. 그 선생님이 쓰신 화장품이 피어리스였는지 다른 이유가 있었는지는 모른다. 하지만 선생님에게서 분 냄새가 진하게 났던 기억이 있다. 지금도 코티분 냄새를 맡으면 내 기억은 자동으로 피어리스 선생님을 떠올릴 것이다.

요즘은 인공적인 향수보다 살냄새 비슷한 향수를 많이 쓴다. 혹은 여러 향수를 섞어 뿌려 자신만의 향기를 내기도 한다. 향수는 향기로 말한다. 향수는 유행에 따라 변하기도 하지만 대개는 유행과 상관없이 자신이 좋아하는 향수를 오래 사용하게 된다. 그래서 향수로 그 사람의 취향을 알 수도 있고 나이와 직업을 짐작하기도 한다.

한때 여자 승무원들이 '샤넬 코코 마드모아젤' 향수를 많이 써서 이 냄새를 맡으면 비행기가 생각나기도 했다. 어느 전직 대통령은 남성용 샤넬 향수를 많이 뿌려서 멀리서도 그분이 오는 것을 알았다는 얘기도 있다.

젊은 여자들은 진한 오리엔탈 무스크향을 좋아하지 않는다. 어디선가 이 향이 난다면 보지 않아도 젊은 여자는 아니라는 것을 알 수 있다. 독특한 향수를 쓰는 사람은 개성이 강한 사람일 가능성이 높다. 사람의 개성이 향수 선택에 영향을 주기 때문이다. 이렇게 향수는 사람의 독특한 개성을 나타낸다.

올 한 해 동안 사람들은 우리에게서 그리스도의 지식의 향기를 얼마나 맡았을까? 혹시 우리의 냄새 때문에 그리스도라면 치를 떨지는 않았을까?

Chapter 03

정해진 팔자가 있나

타고난 팔자

유럽 사람들이 하나님을 시계장이(watch maker)로 여기던 시대가 있었다. 하나님이 시계를 만들듯이 세상을 만들어 놓고 세상에 개입하지 않는다는 것이다. 지금도 그렇게 생각하는 사람들이 있지만 주류는 아니다. 시계장이 이론에 의하면 세상은 만들어진 원리에 의해 저절로 돌아가기 때문에 세상이 멈출 때까지 하나님은 필요가 없다. 이것을 기독교에서는 이신론(理神論)이라고 부른다. 하나님에 대한 잘못된 가르침이다.

서양에 이신론이 있다면 동양에는 사주팔자(四柱八字) 운명론이 있다. 태어난 연, 월, 일, 시의 음양오행(木火土金水) 여덟 글자[八字]와

매년 달라지는 음양오행이 부딪치며 만들어지는 인생의 길흉화복(吉凶禍福)을 인간이 벗어날 수 없다고 믿기 때문에 운명론(또는 운명철학)이라고 한다.

이 운명론에서 창조주의 역할은 없다. 하지만 초자연적 능력을 지닌 잡신과 조상신의 역할은 있다. 무당은 이들의 염력을 빌어 길흉화복을 알려 주고, 명리학이라고 부르는 운명철학은 사주팔자를 풀어서 운명을 알려 준다. 어떤 것이든 운명론은 전제 자체가 믿음을 요구하기 때문에 일종의 종교가 된다. 그래서인지 마음 얘기를 자주 한다. 마음을 잘 다스리면 화(禍)는 적게 당하고, 어려움 속에서도 복을 가져오는 운(運)을 얻을 수 있기 때문에 평소 덕을 쌓아야 한다고 말한다. 이런 면에서 불교철학 같기도 하다.

한자와 운명론

운명론을 얘기하려면 한자(漢字)를 말하지 않을 수 없다. 한자는 점을 치면서 시작된 상형문자이기 때문에 한자와 점술, 한자와 팔자론은 불가분의 관계다.

예를 들어 사람의 행운이나 불운을 뜻하는 '운'(運) 자를 살펴보면 이해하기 쉽다. 행운(幸運), 운명(運命), 불운(不運)에 사용되는 '운'(運)은 군대를 뜻하는 군(軍) 자와 도착한다는 뜻의 착(辶)이 합쳐진 단어다. 운은 군대가 도착하는 것과 같다는 뜻인가? 비슷하다. 군대는 제시간에 도착하는 것이 가장 중요하듯 운은 제시간에 도착하는 게 중요하다. 운이 없다는 것은 군대가 제시간에 도착하지 않은 것처럼 시기에 맞게 임무를 완수하지 못한다는 뜻이다.

도착의 착(辶)은 '쉬엄쉬엄 가다, 차례를 밟지 않고 뛰어넘다'라는 뜻이다. 유추하면 어떤 사람의 운은 끊어질 듯 말 듯 진행되고, 어떤 사람의 운은 군대가 요동치듯 변화무쌍하다는 뜻 같기도 하다. 어쨌거나 이현령비현령(귀에 걸면 귀걸이, 코에 걸면 코걸이)이다.

그 관점으로 예를 들면, 어떤 해에 입시운이 없는 사람은 시험에 떨어질 수 있다. 제때에 시험운이 도착하지 못하기 때문에 원하는 대학에 가지 못하고 재수, 삼수를 할 수도 있다.

8년간 입시운이 없다가 9번째 해에 입시운이 들어올 수도 있다. 점쟁이에게 묻지 않았다면 포기했을 텐데 9번째 시험에는 붙을 것이라는 말을 믿고 버티다 진짜 합격했다면 그는 사는 동안 점쟁이 그늘을 벗어나지 못할 것이다.

결혼운이 없으면 결혼을 못한다. 아무리 결혼 적령기라도 제시간에 결혼운이 도착하지 못하면 결혼을 못한다는 것이다. 결혼운이 없는데 억지로 결혼하면 이혼하는 수가 있다.

우리나라 사람들에게 영향을 주는 것은 서양의 이신론보다는 동양(한자 문화권)의 팔자론이다. 팔자를 믿는 사람들은 일이 순조로우면 타고난 팔자가 좋은 탓이고, 순탄하지 못하면 팔자가 나빠서 그렇다고 믿는다. 이런 세계관을 가지면 교회에 다녀도 하나님의 말씀이 뿌리내리지 못한다. 모든 게 팔자 탓인데 영원한 미래와 죽음 이후를 말하는 기독교 교리가 들어설 틈이 없는 것이다. 이들은 여호와 하나님이 제일 강한 신이라니까 자기가 믿는 신(신적 존재)들 속에 끼워 넣고 같이 믿을 뿐이다.

이런 교인들은 자녀의 결혼이나 입시 등 큰일을 앞두면 점을 친다. 사업이 잘될지, 남편이 승진할지 물으러 가기도 한다. 점집에 가기 찜찜하면 교회 무당을 찾아가기도 한다. 예언이라는 탈을 쓰고 앞날을 말해 주는 교인이다.

그러나 운명론과 기독교 세계관은 공존할 수 없다. 사주팔자 운명론은 영생을 배제시킨 '이 땅만의 세계관'이기 때문이다. 그런데 한국 교인 중에는 이런 사람들이 제법 많다.

진짜 그리스도인은 하나님께서 늘 자기와 동행한다고 믿기 때문에 가난하든지 부하든지 하나님의 주권에 만족한다. 그러나 하나님이 동행하신다는 진리를 믿지 않는 교인들은 인생에 어려움이 오면 이신론이나 운명철학에 빠져든다. '내 인생에 볕들 날이 언제 올까? 타고난 팔자 때문에 생기는 일인데 괜히 하나님을 결부시키는 건 아닐까? 믿음은 인생사를 바꾸는 데 아무 소용이 없는 걸까?' 하는 생각을 갖는다. 이쯤 되면 이 사람은 이신론과 팔자론 사이에서 널을 뛰고 있다고 보아야 한다. 기독교인은 팔자론도 이신론도 거부해야 한다.

들키면 재미로 봤다거나 친구 따라 간 것이라고 변명하는 사람들도 많다. 재미든 진심이든 이 사람은 하나님께서 자기와 동행한다는 진리를 안 믿는 것이 분명하다.

운명론을 믿으면 안 되는 이유

점(占)에 유혹을 느낀다는 교인들이 있다. 이렇게 말하는 사람은 그나마 솔직한 사람이고 몰래 인터넷 사주 등을 보고 앞날을 알려는 사람은 더 많다.

얼마 전 TV 예능프로에 나온 배우가 무당이 해주는 말에 위로를 받으며 눈물을 흘리는 모습을 보고 충격을 받았다. 어떤 목사가 저런 위로를 줄 수 있을까? 저 연예인에게 영생이나 복음을 전해도 저런 위로를 받을까? 아닐 것이다. 기독교 진리는 사람들이 듣고 싶은 얘기가 아니기 때문이다. 교회는 영생이 아닌 질문에 구체적인 답을 줄 수 없다.

교회 권사님들 중에는 자식 결혼을 앞두고 궁합을 보는 분들도 많다. 어려움을 피하고 싶은 것이 사람의 마음이지만 하나님이 주려고 작정한 어려움이라면 무당에게 묻는다고 피해 갈 수 있을까? 왜들 이럴까?

첫째는 하나님이 그리스도인과 동행한다는 진리를 믿지 않기 때문이고, 둘째는 영생이 아닌 현재에만 관심을 두기 때문이다. 어떤 사람은 사주팔자 같은 운명철학은 말 그대로 철학이고 학문이니 괜찮지 않냐고 한다. 천만의 말씀이다.

에덴에서 거짓말로 인간 스스로 영생을 버리게 만들었던 뱀은 지금 우리나라에서는 "운명철학은 학문이다"라는 거짓말을 하고 다니는 것 같다. 인간의 운명을 하나님과 상관없이 해석하는 모든 학문은 사탄의 영역이요 뱀의 전공 분야다.

왜 운명철학도 안 되는가? 첫째는 거짓이기 때문이다. 사주니 명리학이니 하는 운명철학 안에 있는 모든 내용은 사람의 과거와 현재, 미래를 모두 삼위일체 하나님이 주관하신다는 사실을 철저하게 배제시킨다.

이 땅에서 아무리 행복하게 살았어도 마지막에 부활 영생을 얻지 못하고 하나님과 영원히 분리된 지옥에 간다면 실패한 인생이고, 사는 동안 불행의 연속이었어도 마지막에 부활 영생을 얻고 하나님 편에 선다면 그는 성공한 인생이다. 그럼에도 불구하고 현재 잘사는 것에만 몰두하는 기독교인이 있다면 그 사람이야말로 가장 불쌍한 사람일 것이다. 바울도 같은 말을 했다.

> "만일 그리스도 안에서 우리가 바라는 것이 다만 이 세상의 삶뿐이면 모든 사람 가운데 우리가 더욱 불쌍한 자이리라"(고전 15:19).

간교한(아룸) 뱀 vs 발가벗은(아람) 사람

뱀은 하나님이 만든 짐승 중에 가장 간교했다. '간교하다'는 '교활한 계획을 가졌다'는 뜻이다. 간교(아룸 ערום)는 '발가벗기다'(아람 ערם)에서 온 말이다. 간교한(아룸) 뱀은 아담 부부를 발가벗겼다(아람). 이들은 원래 알몸으로 살던 사람들인데 성경은 왜 뱀이 그들을 발가벗겼다고 할까?

뱀이 인간을 알몸으로 만든 것이 아니라 인간이 갖고 있던 하나님의 형상을 벗겨 버린 것이다. 뱀은 하나님의 형상이 사라져 초라해지고 멍청해진 인간의 모습을 나무 위에서 보며 즐기고 있었다.

알몸을 부끄러워한다면 모를까 알몸이 두려워할 일은 아니지 않은가? 하지만 그들은 벗은 것을 두려워했다. 이미 그들은 충분히 어리석어졌다. 벗겨진 하나님의 형상으로 인해 그들의 지혜는 어두워졌고 분별력은 땅에 떨어졌다. 하나님의 생각대로 생각하고 행동하던 그들이 이제는 '나무 뒤에 숨으면 하나님을 피할 수 있다'고 생각하는 지경에까지 이르렀다. 막연한 두려움에 눈에 보이는 것, 벗은 것을 자기 느낌대로 두려워하는 이들의 모습은 다시 태초의 어둠과 혼돈으로 돌아간 듯한 느낌을 준다.

이것이 예수 그리스도를 믿기 전 사람의 상태다. 무엇을 진짜 두려워해야 하는지 분별할 힘을 잃은 상태로 태어나서 사탄의 조롱거리로 살며 막연한 두려움에 쫓기는 비참함이 인간의 실존이다. 그래서 인간은 반드시 하나님의 도움(은혜)이 필요하다. 인간의 힘으로는 망가진 믿음을 회복시킬 방법이 없기 때문이다. 예수 그리스도 없이 하나님의 형상이 회복되는 것은 꿈도 꿀 수 없다.

자신의 삶이 더 좋아지기 위해서라면 모를까 하나님의 진노를 피하기 위해 하나님을 믿어야 한다는 사실을 결코 인정하지 않는 인간은 자신의 심각한 상태를 모르고 죽어 가는 불쌍한 환자일 뿐이다.

사탄은 인간이 영생에 관심을 가질까 봐 겁을 내는 것이 분명하다. 그래서 운명철학을 포함하여 무엇이든 이용해서 인간이 죽을 때까지 현재에만 관심을 갖도록 애를 쓰는 것이다. 에덴에서 선악과로 접근했던 뱀이 동양에서는 운명론으로 접근하고 있다.

진리를 알면서도 교인들이 에덴의 여자와 똑같이 반응한다면 어떻게 되겠는가? 영생은 안중에도 없고 당장 지혜로워지고 싶은 욕심에 눈이 멀었던 여자처럼 지금 잘사는 것에만 진심이라면 이보다 더한 비극은 없다. 영생을 잃으면 모든 것을 잃는 것인데 이것을 알면서도 빠져드니 비극이라는 것이다. 사탄의 목표는 인간에게서 영생을 뺏는 것인데 이것을 모른다면 이 비극은 피할 수 없다.

타락한 인간은 창조주 하나님보다 운명론을 믿는 것이 훨씬 자연스러워졌다. 영생을 잃었으니 이 땅의 삶에만 집착하게 된 것이다.
만일 자신의 운이 언제 트이는지 무당이나 명리학자에게 묻는 교인이 있다면 그는 뱀의 말을 믿고 인류의 영생을 버렸던 에덴동산의 여자와 똑같은 짓을 한 것이다.

사주팔자 같은 운명론을 믿으면서 "그래도 나는 예수 믿고 구원받았다"라고 말하는 사람이 있을지도 모르겠다. 착각이다. 분명히 알아야 할 것은 인류의 첫 번째 대표도 같은 착각을 했었다는 사실이다. 그들은 선악과를 먹어도 죽지 않을 것이라고 믿었다. 그러나 그 결과 영생을 잃었다. 우리가 예외일 수는 없다.

어떻게 인간의 미래를 맞힐까?

사주풀이를 해 본 사람들 중에는 '잘 맞던데?'라고 평가하는 사람들이 있다. 요즘은 사주앱(어플)도 나온 모양이다. 문제는 적중하는 점괘다. 물론 이들의 점괘는 영생을 뺀 이 땅의 일만 맞힌다. 점쟁이는 이대로 살다가는 종국엔 파멸한다는 사실을 알려 주지 못한다. 자기들도 모르기 때문이다. 교회를 가라고 하는 무당이 있더라도 마음을 의지할 곳을 찾아가라는 것이지 진리를 믿으러 가라는 것이 아니다.

어떤 사람이 코끼리를 피하려고 마른 우물 안으로 숨었다. 넝쿨을 잡고 간신히 매달려 있는데 바닥에는 독사가 우글거렸다. 이때 쥐가 나타나 이 사람이 잡고 있는 넝쿨을 갉아먹기 시작했다. 넝쿨이 끊어지면 곧 독사의 밥이 될 것이다. 이것이 이 사람의 궁극적인 운명이다. 이때 우물 귀퉁이에 꿀이 든 벌집이 이 사람 눈에 보였다. 배가 고팠던 그는 벌집에서 꿀을 찍어 먹느라 정신이 팔려 자기가 어떤 처지인지 잊어버렸다.
"당신은 결국 독사 밥이 될 것이다." 이것이 그가 알아야 할 미래일까?
"당신은 조만간 꿀을 실컷 먹을 것이다." 이것이 그가 알아야 할 미래일까?
둘 다 그의 미래이긴 하다. 하지만 사람들이 알고자 하는 미래는 '언제 많은 꿀을 먹게 되는가?'이다. 진짜 알아야 할 것은 독사의 밥이 되지 않는 방법인데 말이다. 사람이 종국의 파멸을 면할 방법은 예수 그리스도를 구주로 믿고 하나님 편에 서는 것뿐이다. 이것을 알려 주지 못하는 모든 점집과 사주풀이는 속이는 혓바닥이고 사탄의 하수인일 뿐이다.

그들은 언제 꿀을 먹을지 시기를 맞힐 수 있다. 히브리어로 '뱀'과 '점을 치다'는 어근(나하쉬)이 같다. 히브리어 '나하쉬'는 '관찰하다'라는 뜻도 있다. 오랜 세월 동안 우주와 사람을 관찰해 온 인간들은 그 지식을 통계(점괘)로 남겼다. 인간에 대한 통계가 있는 한 영생을 뺀 인간의 길흉화복을 맞히는 일은 그리 어렵지 않을 것이다.

하나님만이 미래를 안다고 믿었다가 이들이 미래를 적중시키면 혼란스러워지기도 한다. 혼란스러울 것도 없다. 하나님이 아시는 인간의 미래는 심판과 영생을 포함한 미래이고, 뱀이 떠드는 인간의 미래는 심판과 영생을 뺀 미래이기 때문이다. 내가 얼마나 많은 꿀을 먹을 수 있는지, 언제 벌집을 만나는지 알아서 뭐할 것인가? 어차피 독사의 밥이 될 운명인데 갇힌 우물 안에 있는 벌집을 자랑한들 무슨 소용인가?

그리스도인들의 관심사는 뱀의 말이 맞느냐 아니냐가 아니라 믿음을 훼손시키는 뱀은 반드시 진멸당한다는 진리에 있어야 한다. 그리스도인이 영생보다 현세의 길흉화복에만 관심이 있어 뱀에게 앞날을 묻고자 한다면 그는 뱀과 같은 편이고 하나님의 원수일 뿐이다.

교인들이 사주풀이에 현혹되는 이유는 운명철학이 뱀의 영역이라는 분명한 지식이 없기 때문이다. 더 근본적인 이유는 현재에만 관심을 갖기 때문이다. 영생을 얻을 방법을 알고자 무당을 찾는 교인은 없을 것이다.

그러나 어이없게도 많은 교인들이 이 땅에서 잘되는 것이 구원받은 증거이자 하나님이 축복하신 결과라 믿기 때문에 점집을 찾고 사주팔자를 믿어 뱀의 말에 휘둘린다.

잘 따져 보자. 하나님의 축복을 언제 받을지에 대해 그리스도와 원수인 뱀한테 묻는다는 것이 말이 되는가? 하지만 이생의 번영만 추구하는 교인들은 은밀하게 이런 짓을 한다. 결국 영생을 잃고 말 것이다.

돼지에게 진주를 던지지 말라는 예수님의 말씀은 돼지처럼 진주가 귀한 것을 모르는 자가 되지 말라는 뜻도 있다. 진주가 귀한 줄 모르는 돼지에게 진주를 주지 않듯이 영생의 가치를 모르는 자에게 영생을 주지 않는 것은 지극히 당연하다.

사람의 영원까지 책임지시는 하나님이 현재는 책임지지 않으실 것 같다는 앞뒤 맞지 않는 믿음을 가진 교인이면 모를까 정상적인 그리스도인은 자기 앞날을 사주풀이로 알려고 하지 않는다. 그리스도인은 이 땅에서 맛본 하나님 나라가 죽음 이후까지 이어질 것을 기대하며 그 소망으로 사는 나그네이다. 하나님의 뜻대로 살려는 힘은 바로 이 소망에서 나온다.

Chapter

04

브라질 원숭이의 코코넛 깨기

　브라질 원숭이가 코코넛을 돌로 깨뜨려서 먹는 기술을 익히려면 보통 3년이 걸린다고 한다. 넓적한 바위의 조금 파인 부분에 코코넛을 놓고 큰 돌로 내리쳐 깨뜨리는 기술인데 사람 눈에는 기술에 속하지도 못할 난이도이지만 이 기술을 익히는 데 3년이나 걸린다는 것이다.

　기술의 전수 과정은 다음과 같다. 아빠 원숭이가 어느 정도 자란 아들 원숭이를 데려다 자기 앞에 두고 코코넛 깨는 기술을 보여 준다. 한참 관찰하던 아들 원숭이가 따라해 보지만 코코넛은 돌로 내리칠 때마다 튕겨 나간다. 노하우 부족이다. 아무리 해 봐도 안 된다. 결국 아들 원숭이가 이 기술을 마스터하는 데 3년이 걸린다.
　바위의 움푹 파인 부분은 원숭이들이 대를 이어 코코넛을 깨느라 생긴 흔적이다. 바위가 파이도록 반복해서 이 핵심기술을 터득하는 데 걸리는 시간이 3년인 것이다.

브라질 원숭이를 보면 교육에 있어서 보는 것만으로는 부족한 무언가가 있다는 생각이 든다. 교육은 보여 주는 것만으로 다 전수할 수 없다. 아들 원숭이는 아빠 원숭이를 따라하기는 했지만 교육을 받은 것은 아니다. 3년이란 시간은 혼자 터득하는 데 걸린 시간이지 코코넛을 깨는 기술 교육을 전수받은 데 걸린 시간은 아닌 것이다.

'브라질 원숭이에게 언어가 있었다면?' 하는 생각이 들었다. 언어가 있었다면 아빠 원숭이는 보여 주기만 하는 것이 아니라 어느 순간에 코코넛을 돌로 내리쳐야 하는지, 내리칠 때 어느 정도로 몸무게를 실어야 하는지를 조목조목 설명했을 것이다.

아마존에 있는 '조에'라는 부족은 "게토" 한 마디면 모든 뜻이 다 통한다. 아주 긴 문장도 "게토" 한 마디면 된다. 밥 먹자도 게토, 고맙다도 게토, 나 졸려서 들어가서 잘 건데 내일 다시 보자도 게토다. 정말 단순하고 편하다. 다 벗고 사는 부족답다. 하지만 편한 것이 좋은 것은 아니다. 만일 성경을 조에 부족의 말로 기록했다면 후대의 그리스도인들은 어떻게 됐을까?

게토와 정반대 언어가 헬라어와 히브리어다. 헬라어는 동사 시제와 형태가 너무 많아서 배우기 어렵다는 단점이 있다. 하지만 동사 하나로 누가 누구에게 어떻게 하라고 말하는 것인지 분명하게 전달할 수 있다는 장점이 있다. 이렇게 발달한 헬라어 동사와 전치사를 보면 성경의 그 많은 교리가 어떻게 나올 수 있었는지 이해가 된다.

히브리어도 마찬가지다. 고어(古語)임에도 불구하고 동사 형태와 시제의 종류가 많고 복잡하다. 능동태와 수동태는 물론이고 강조능동태와 강조수동태도 있고 사역동사까지 있다.

성경을 기록한 히브리어나 헬라어는 동사의 형태에 따라 뜻이 완전히 달라지고 주체가 분명한 언어다. 그렇기에 수천 년이 넘는 세월이 흘렀어도 의미를 손상하지 않고 전달할 수 있었다. 동사가 복잡하게 발달한 언어가 성경을 기록하는 데 유리한 것은 사실이다. 특히 히브리인들의 강박에 가까운 꼼꼼함은(성경을 필사할 때 한 글자마다 손을 씻었다고 함) 히브리어로 기록된 성경을 왜곡 없이 보존하는 데 일조했다. 복잡한 동사를 가진 헬라어와 히브리어로 성경을 기록한 것이 참 다행이란 생각이 든다.

우리말은 어휘 수가 적은 대신에 비유나 은유가 발달해서 어휘의 취약함을 보상한 언어다. 우리말은 동사가 발달한 언어가 아니라서 동사의 구체성은 크게 떨어진다.

예를 들어 "감자 좀 가져와라!" 하면 누구에게 감자를 가져오라는 것인지, 몇 개를 가져오라는 것인지 불분명하다. 결국 이 말을 들은 사람 중 한 사람이 현장에 가야 해결된다. 물론 눈치가 없다면 현장을 봐도 명령자의 의도를 모를 수 있다.

우리말은 눈치가 동사의 시제와 형태를 대신하는 경우가 많다. 우리말이 별로라는 얘기가 아니다. 동사가 명확하지 않아서 눈치로 이해하고 곁말을 쓰는 언어보다는 동사의 태와 시제가 다양하고 복잡하게 발달한 헬라어나 히브리어가 성경을 기록하기에는 더 낫다는 뜻이다. 뜻이 왜곡될 소지가 그만큼 줄어들기 때문이다.

신학대학원에서 히브리어와 헬라어를 처음 접했을 때의 느낌이 지금도 생생하다. 원어로 성경을 볼 수 있다는 것이 얼마나 엄청난 특권이며 영광인지, 이런 특권을 내가 누려도 되는 건지 긴장도 되고 엄청 설렜다. 복잡하게 발달한 동사로 성경이 기록된 것이 참 다행이라는 생각이 원어 성경을 보면 볼수록 들었다. 하나님 말씀을 기록으로 남기기에 헬라어나 히브리어보다 더 좋은 언어는 없는 것 같다.

그 예로 성경 한 구절을 소개한다.

"**내가 그리스도와 함께 십자가에 못 박혔나니** 그런즉 이제는 내가 사는 것이 아니요 오직 내 안에 그리스도께서 사시는 것이라 이제 내가 육체 가운데 사는 것은 나를 사랑하사 나를 위하여 자기 자신을 버리신 하나님의 아들을 믿는 믿음 안에서 사는 것이라"(갈 2:20).

'내가 십자가에 함께 못 박혔다'는 '수네스타우로마이'(συνεσταύρωμαι)라는 동사 하나를 번역한 것이다. 이 동사 하나로 누가, 어떤 상황인지를 정확히 표현했다. 이 동사는 완료형으로 '과거 벌어진 사건의 결과가 지금까지 영향을 미친다'는 뜻이다. 완료형 동사가 아니었다면 십자가 사건은 지금도 영향을 주는 사건이 아니라 과거에 끝난

'역사적 사건'으로만 간주되었을 것이다.

'수네스타우로마이'라는 동사는 4가지 사실을 동시에 나타낸다.

1. 누가(who?) - 내가
2. 어떻게(how?) - 혼자가 아니라 ○○와 함께
3. 무엇을(what?) - 십자가에 못 박힘을 당했다
4. 언제(when?) - 과거 어느 시점에. 그 사건의 결과는 현재까지도 영향력을 미친다

이 많은 내용을 '수네스타우로마이 συνεσταύρωμαι'라는 동사 하나로 나타낸 것이다.

이 동사 앞에 그리스도가 붙어서 "내가 그리스도와 함께 십자가에 못 박혔나니"라는 문장이 되었다. 단어 두 개로 '내가 그리스도와 함께 못 박혔는데 이 사건은 과거의 사건으로 끝난 것이 아니라 그 사건의 결과가 지금까지 영향을 미치고 있다'는 내용을 전달한 것이다.

이 갈라디아서 2장 20절을 읽는 대다수는 나와 그리스도의 연합에 의미를 두지만 그에 못지않게 중요한 것은 그리스도가 십자가에 못 박힌 그때에 나는 그 자리에 없었지만 그럼에도 그리스도의 십자가의 효력이 지금 이 순간을 사는 내게도 동일하게 미친다는 뜻에 있다.

바울은 유대인이었지만 디아스포라 유대인(이스라엘이 아닌 다른 나라

에서 나고 자란 유대인)이기 때문에 헬라 문화와 헬라어에 능했다. 덕분에 헬라어 동사 하나로 그리스도의 십자가의 효력과 영향력의 범위가 어디까지인지를 다 전달할 수 있었다. 부연 설명 하나 없이 동사 하나만으로 신학적 의미를 완벽하게 전달할 수 있다는 것이 나는 가장 놀라웠다.

성경을 기록한 헬라어는 귀족들이 쓰던 고급 헬라어가 아니라 평범한 사람들이 시장에서 사용하던 보급형 헬라어였다. 바울의 편지를 받은 갈라디아 교인들은 '수네스타우로마이'라는 단어를 들었을 때 '예수 그리스도의 십자가의 영향은 지금까지도 이어지는구나'라고 이해했을 것이다. 그리고 지금 우리에게까지 그 의미가 전달된 것이다. 신구약 중간기 400년 동안 하나님은 헬라어를 준비하셨다는 말이 맞는 것 같다.

엉뚱한 상상이지만 만일 우리도 브라질 원숭이처럼 언어가 없었다면 어땠을까? 한참을 지켜보고 그대로 따라했지만 '코코넛 깨는 기술'의 핵심은 배울 수 없었던 아들 원숭이처럼 관찰만으로는 구원의 비밀을 절대 알 수 없었을 것이다.

우리에게 언어를 주시고 그 언어를 통해 구원의 비밀을 가르쳐 주신 하나님의 은혜가 참으로 크다는 것을 느낀다. 십자가 구원이 원숭이처럼 스스로 터득한다고 될 것도 아니고 누군가 알려 주지 않으면 결코 알 수 없는 비밀이기에 언어라는 도구를 통해 가르쳐 주신 하나님의 은혜에 감사하다. 머리가 나빠도 상관없고, 가난하거나 부하거나 상관없이 모두에게 공평한 구원의 길을 열어 주신 하나님 아버지께 진심으로 감사드린다.

Chapter
05

주께서 나를 아신 것같이

하나님은 내게 실망하셨까?

신학대학원 때 일이다. 학우들과 기도제목을 나누는데 한 자매가 하나님이 자신에게 실망하셨을 것 같아 고민이라는 말을 했다. 나는 고린도전서 13장 12절의 후반부를 나눴다.

"그때에는 주께서 나를 아신 것(**에페그노스센**)같이 내가 온전히 알리라 (**에피그노소마이**)"(고전 13:12).

헬라어 원문을 직역하면 '나를 온전히 아신 것같이 그때에는 나 역시 그를 온전히 알리라'이다. 주께서 나를 어디까지 아신다는 것인가? 그 자매는 하나님이 자신을 다 알지 못한다고 생각했다.

본문에 있는 '에페그노스첸'(에피그노소마이도 마찬가지이다)의 원형은 '에피그노스코'인데 뜻은 '완전히 알다'이다. 이 단어는 '기노스코'(알다)라는 동사에 '위(上)'를 뜻하는 전치사 '에피 επί'가 결합해서 '완전히 알다'라는 뜻으로 쓰이는데 이 단어를 분석하면 아주 재미있는 사실을 알 수 있다.

전치사 '에피 επί'는 공간에서 위를 뜻하기 때문에 에피그노스코를 직관적으로 해석하면 '위에서 보는 것처럼 안다'는 뜻이 된다. 마치 조감도(鳥瞰圖)와 같다. 위에서 전체를 보듯이 무언가를 완전히 아는 것을 에피그노스코라고 일컫는 것이다.

아마존처럼 큰 강은 넓고 평평해서 바다처럼 보인다. 하지만 위성사진으로 보면 강이 얼마나 휘어지고 구불구불한지, 폭과 길이와 생김새는 어떠한지를 한눈에 알 수 있다. 위에서 보면 아무것도 감출 수가 없다. 배를 타고 다니며 보는 것보다 위에서 보는 것이 더 정확하다. 이처럼 '에피그노스코'는 위성사진과 같이 감춰진 부분 없이 전체를 다 아는 것을 뜻한다.

하나님께서는 나에 대해 모르는 부분이 없다. 내가 어디서 시작해서 어디로 가는지, 어디서 휘어지고 얼마 동안 휘어지는지 이미 다 아신다. 하나님께서는 우리가 시작하지도 않은 일의 끝을 아시고 과거와 현재, 미래를 동시에 아신다는 교리는 이 단어(에피그노스코)를 통해 알게 된 것이다.

현재 눈에 보이는 것만 가지고는 완전히 안다고 할 수 없다.
과거와 현재와 미래까지 전부를 포함하지 않으면 완전히 아는 것이 아니다.

그런데 주님은 우리를 완전히 아신다: 에피그노스코

우리는 스스로 생각해도 형편없는 행동을 했을 때 '하나님이 내게 실망하시지 않았을까?' 걱정한다. 실망은 기대와 실제가 다를 때 하는 것이다. 하지만 그런 사람인 것을 이미 알고 있다면 실망하지 않는다. 그냥 그러려니 하고 받아들인다.

기독교인들은 내게 실망하신 하나님이 내 기도에 응답하지 않을까 봐 걱정한다. 사람은 상대방이 자기 기대와 다르면 실망하고 무시한다. 그러나 하나님은 우리를 다 알지만 실망하거나 무시하지 않으신다. 이는 그의 선하신 성품상 불가능하다.

하나님은 내 과거를 아실 뿐 아니라 내가 지금 무슨 생각을 하는지, 앞으로 어떤 행동을 할지도 다 아신다. 생각이 많은 것도 아시고 무엇을 고민하는지도 아신다. 이것이 '에피그노스코'가 우리에게 알려 주는 사실이다.

인격의 특성

누구나 사람을 오해 없이 알기를 바라지만 실제로는 어려운 일이다. 인격에는 다 보여 줄 수 없는 영역이 존재하기 때문이다. '인격이기 때문에 다 이해할 수 없고 이해받기 어려운 부분을 가진다'는 말을 신학적으로 **인격의 상대적 불가해성**(相對的 不可解性)이라고 한다.

불신이 이 세상에 들어온 후 사람들은 보이지 않는 것들을 오해하기 시작했다. 마음이나 생각은 다 보여 줄 수가 없기 때문에 오해가 많이 생기는 영역이다. 설령 속을 다 말한다고 해도 곧이곧대로 믿지 않는다.

하나님도 그러실까? 아니다. 하나님은 사람을 완전히 아시기 때문에 오해하지 않으신다. 문제는 우리다. 우리는 사람뿐 아니라 하나님까지 오해한다. 하나님을 심하게 오해한 사람들은 하나님을 미워하기까지 한다.

오해를 받으면 에너지 소모가 많아서 가만히 있어도 피곤하다. 오해하는 사람도, 오해받는 사람도 피곤하다. 사람은 그렇다 치고 하나님은 어떠실까? 하나님은 전능한 신이니까 지치거나 힘들지 않으실 것이라고 생각하게 된다. 하지만 그렇지 않다. 민수기에는 하나님이 이스라엘 때문에 얼마나 힘들어하는지가 잘 나타나 있다.

> "여호와께서 들으시기에 백성이 악한 말로 원망하매 여호와께서 들으시고 진노하사 여호와의 불을 그들 중에 붙여서 진영 끝을 사르게 하시매"
> (민 11:1).

백성들이 악한 말로 하나님의 의도를 왜곡하고 하나님의 인격을 서슴없이 모독하자 하나님은 진영 끝에 불을 지를 정도로 화를 내시고 그들을 없애고 새로운 인류를 시작하고 싶다고 모세에게 토로하셨다. 그러나 우리가 어떤 사람들인지 하나님이 몰라서 그러신 것이 아니다. 이만큼 했으면 하나님을 알 만도 한데 하나님을 모르는 사람들처럼 행동했기 때문이다.

하나님이 조감도를 보듯 우리를 샅샅이 아신다고 해서 우리에게 불신을 당해도 아무렇지도 않으신 것은 아니다. 하나님도 우리처럼 감정과 생각과 의지가 있는 인격을 갖고 있기 때문이다. 하나님이 무한한 힘만 있고 생각과 감정은 없는 분이라고 여긴다면 이는 하나님을 우상 취급하는 것이다.

불신의 죄가 공동체 안에 들어오면서 힘들어진 것은 인간만이 아니다. 하나님도 인간의 불신으로 고통을 당하셨다.

하나님도 인격을 가지셨기 때문에 우리에게 다 보여 줄 수 없는 영역을 가지신다. 신이라서 그런 것이 아니라 인격의 특성이 그러하기 때문이다.

그러나 설령 하나님의 모든 면을 다 본다고 하더라도 우리는 하나님을 다 이해하지는 못한다. 그러니 보지 못한 부분(경험하지 못한 부분)에 대해서는 오죽하겠는가? 그럼에도 불구하고 하나님을 신뢰하는 사람들도 있다.

하나님을 경험하지 못한 영역에서 하나님을 신뢰하는 사람은 성경이나 과거의 경험에서 언제나 신실하셨던 하나님의 인격을 토대로 하나님의 나머지 인격을 믿는다. 하나님을 다 겪어 보지는 못했지만 그럼에도 믿을 때 하나님은 기뻐하신다. 하나님의 인격이 신뢰를 받는다는 뜻이기 때문이다. 누군가 우리를 믿어 줄 때 고마운 것처럼 하나님도 자신을 믿어 주는 사람에게 고마워하신다.

"보지 못하고 믿는 자들은 복되도다"(요 20:29).

오해의 근원은 불신(不信)이다. 이 불신은 인간이 타락하면서 갖게 된 원초적인 것이므로 본능에 가깝다. 태초에 우리는 하나님과 떼어 놓을 수 없을 만큼 밀착되어서 살아가는, 하나님 의존도가 대단히 높은 존재였다. 이런 인간을 하나님과 갈라놓을 정도로 불신은 강력하고 강렬하다. 선악과 사건은 불신이 하나님과 인간 사이에 들어왔다는 명확한 증거였다.

인류 최초의 죄인 불신(不信)이 하나님과 사람 사이에 들어오면서 인간은 끊임없이 의심하고 오해하게 되었다. 사람은 누군가 자신을 오해 없이 믿어 주기를 바라지만 자신은 결코 그렇게 하지 못한다. 이 불신이 모든 사람을 불행하고 피곤하게 만들었다.

사람의 속을 다 모르기 때문에 믿지 못한다고 생각하지만 사실은 다 본다고 해도 믿지 않는다. 이것이 불신의 죄가 인간에게 준 비극이다. 불신 때문에 인간은 소외에 시달릴 수밖에 없고 이는 인간의 특성으로 자리 잡았다.

쟤가 내 마음을 안다

"다윗을 왕으로 세우시고 증언하여 이르시되 내가 이새의 아들 다윗을 만나니 **내 마음에 맞는 사람**이라 내 뜻을 다 이루리라 하시더니" (행 13:22).

이 말씀은 스데반의 설교 중에 등장하는데 '다윗이 하나님 마음에 맞다'라는 의미는 다윗이 하나님의 기준에 맞아서 합격했다는 뜻이 아니다. 원문을 직역하면 '그는 내 사람'이란 뜻이다. 의역하면 "다윗이 내 마음을 안다"이다. 하나님은 이미 다윗의 마음을 알고 계시기 때문이다. 다윗이 하나님의 선하신 인격을 토대로 자신이 경험하지 못한 부분에서도 하나님을 신뢰했기 때문에 하신 말씀일 것이다.

범사에 하나님을 오해하고 하나님의 선의를 악의로 해석하며 불평과 배신이 일상인 사람들 틈에서, 하나님이 능력을 보여 주지 않으실 때도 하나님의 선하심을 믿는 사람을 만났다면 당연히 저런 표현을 하지 않으시겠나 싶다.

다윗이 사울에게 쫓겨 다니면서도 신뢰한 것은 바로 하나님의 선한 인격이었다. 역사 속에서 언약에 신실하셨던 하나님이므로 다윗은 불확실한 미래에도 하나님의 신실하심은 이어질 것이라고 믿었다. 신의 능력에 대한 믿음이 아니라 신의 인격에 대한 신뢰였다. 그래서 "그는 내 사람"이라는 하나님의 인정을 받았던 것이다. 이는 칭찬이 아니라 고마움의 표현이다.

창조주 하나님이 인간의 진심 어린 신뢰에 감동을 받는다니 놀라울 뿐이다. 어떤 행동이 하나님의 뜻이냐고 묻기 전에 어떤 상황에서도 하나님을 신뢰하는지 자신을 돌아보는 것이 순서일 듯하다.

다윗처럼 하나님의 인격을 믿겠다는 소원을 품어야 한다. 하나님의 선한 의도를 믿고, 힘들 때 금방 도와주시지 않으셔도 하나님을 존중하고, 그래서 "쟤들이 내 마음을 아네"라는 하나님의 말씀을 듣는 것이 우리의 소원이 되어야 한다.

주님이 나를 아시는 것처럼 오해 없이 나도 주님을 알게 되는 날이 빨리 왔으면 싶다. 그날은 반드시 올 것이다. 모든 사람들의 신뢰 때문에 하나님도 행복해하실 날이 어서 오면 좋겠다.

Chapter

06

헤롯은 왜 아기 예수를 죽이려 했나

'헤롯은 왜 아기 예수를 죽이려 했을까?' '헤롯은 다윗 가문도 아닌데 어떻게 유대 왕이 되었을까?' '헤롯 이전에는 유대에 왕이 없었나?'

이런 질문을 한 번쯤은 해봤을 것이다.

나는 남유다가 망한 후 헤롯 왕 이전까지 유대에 왕이 없는 줄 알았다. 그런데 아니었다. 헤롯 이전에 100년 동안 존속된 독립왕조가 유대에 있었다. 이 독립왕조의 이름은 하스모니아 왕조다. 헤롯이 아기 예수를 죽이려고 한 이유를 알려면 하스모니아 왕조부터 설명해야 한다.

하스모니아 왕조

남유다가 바벨론에 망한 후 유대(망한 남유다를 이렇게 부른다)는 바벨론, 페르시아, 헬라제국[1] 등에게 400년 동안 지배당했다. 이 400년 동안 각 제국에서 파견한 총독이 유대 지역을 다스렸다. 그중에는 우리가 아는 유대인 출신 총독도 있었다. 스룹바벨, 느헤미야 등은 페르시아가 유대에 파견한 유대인 총독이었다.

유대 땅(팔레스타인)은 헬라제국의 지배를 벗어난 이후 이집트(프톨레마이오스 왕조)의 지배를 받다가 BC 198년부터는 시리아(셀레우코스 왕조)의 지배를 받았다.

이집트와 시리아는 알렉산더가 후계자 없이 세상을 떠나자 그의 부하들이 헬라제국을 넷으로 쪼개 나눠 가진 나라들이다. 그 때문에 이집트와 시리아 중간에 끼어 있던 팔레스타인(유대 땅)은 양쪽으로 얻어맞는 신세가 되었다.

유대가 시리아의 지배를 받던 시절 그 땅에서 시리아를 몰아낸 것은 마카비 가문[2]이었다. 마카비 가문에는 아버지 맛다디아와 5명

---

1) 헬라제국은 그리스인들이 지배하던 마케도니아 왕국 출신의 알렉산드로스 대왕이 지중해 인근의 나라들을 속국으로 삼아 세운 대제국이었다. 그러나 알렉산드로스가 죽자 헬라제국은 넷으로 쪼개졌다. 이집트(애굽)와 팔레스타인(유대)은 프톨레마이오스, 시리아와 바벨론은 셀레우코스, 비두니아와 트리키아는 리시마코스, 마케도니아는 카산드로스가 차지하고 각자의 왕조를 세웠다.

2) 시리아 셀레우코스 왕조에 최초로 항거했던 마카비 가문 맛다디아의 이름이 하스모니아였기 때문에 이 왕조를 마카비 가문 또는 하스모니아 왕조라고 한다. 하스모니아가 지명이라는 설도 있다.
시몬에서 시작된 하스모니아 왕조는 '요한 히르카노스 1세 → 아리스토블로스 1세 → 알렉산드로스 야나이 → 살로메 알렉산드라 → 아리스토불로스 2세'로 이어지다가 로마 장군 폼페이오가 예루살렘을 함락하면서 끝이 났다.

의 아들이 있었는데 맛다디아가 죽자 그의 아들 유다가 혁명의 주동자가 되었다. 유다는 탁월한 게릴라 전법 때문에 "망치"(마카비)라는 별명을 얻었다(망치로 잘 싸워서 마카비(망치)로 부른다는 설도 있다).

유다(마카비)가 전사한 후 뒤를 이은 동생 요나단이 예루살렘 대제사장에 취임했다(BC 153년). 요나단이 죽자 그의 동생 시몬이 유대 총독과 대제사장을 겸하고 시리아와 계속 싸웠다. 그 결과 유대는 시리아 셀레우코스 왕조로부터 완전히 독립했다(BC 141년).[3]
덕분에 시리아에 세금을 바치지 않게 된 유대인들은 시몬의 집안이 왕위를 세습할 것을 의결했다. 이것이 하스모니아 왕조의 출발이다.

시몬의 뒤를 이어 그의 아들 요한 히르카노스가 왕을 겸한 대제사장이 되었다. 그의 목표는 영토를 확장해서 강력한 힘을 가진 유대국가를 만들고, 모든 사람을 유대인으로 만드는 것이었다. 그는 이두메 지역을 정복해서 사람들에게 할례를 행하고 유대교로 개종시켜 유대인으로 받아들이는 정책을 썼다.

---

3) 마카비(유다)가 전사한 후 그의 아들 요나단은 시리아 왕이 임명한 유다 총독을 겸한 대제사장에 취임했다. 피를 많이 흘린 요나단이 대제사장이 되었다는 사실에 하시딤(경건한 사람들)은 충격을 받고 마카비 가문과 멀어지게 된다.
요한 히르카노스는 아들들의 이름을 헬라식으로 바꿨다. 유다, 맛다디아, 요나단을 '아리스토블로스, 안티고누스, 알렉산드로스' 등 그리스어로 개명한 것이다. 요한 히르카노스는 자신이 주조한 동전에 '요한 대제사장'이라고 새겨 넣었다. 하스모니아 가문인 히르카노스 2세는 로마의 속국이 된 상태의 분봉왕이었기 때문에 독립국가의 왕으로 볼 수는 없다.
안티고누스가 파르티아를 등에 업고 로마의 분봉왕인 히르카노스 2세를 쫓아냈으나 헤롯이 로마와 합세해 그를 처형함으로써 하스모니아 왕조는 완전히 사라지고 헤롯 왕조가 서게 되었다.

헤롯의 조부 안티파터 1세

요한 히르카노스 때 유대에 합병된 가문 중에 헤롯 집안이 있었다. 할례를 받으면 유대인으로 받아 주는 요한 히르카노스의 정책 덕분에 헤롯의 조부 안티파터 1세는 이두메 출신임에도 불구하고 유대의 장군으로 등용되었다.

헤롯의 조부는 매우 교활한 사람이었다. 그는 하스모니아 왕조에 형제 내분(장남인 히르카노스 2세 대신 차남 아리스토블로스 2세가 왕이 되었음)이 일자 어리석은 히르카노스 2세에게 접근해서 시리아를 정복하러 와 있던 로마 장군 폼페이오에게 도움을 요청하게 만들었다. 이에 폼페이오는 유대를 접수하고 히르카노스 2세를 허수아비 왕으로 세웠다. 헤롯의 조부는 나라를 팔아먹은 일등공신이었다. 이 일로 폼페이오 장군의 신임을 얻은 헤롯의 조부는 로마의 유대 지역 행정관(징세관)이 되었다.

이로써 시리아(셀레우코스 왕조)에게 세금을 바치지 않고 100여 년간 경제적 독립국으로 지내 왔던 유대는 로마에 납세할 뿐만 아니라 군사권까지 빼앗긴 진정한 식민지(속주)가 되었다.

헤롯의 아버지 안티파터 2세

폼페이오 장군이 암살당하자 헤롯의 아버지 안티파터 2세는 카이사르의 편에 서서 그의 이집트 원정을 도와준다. 그 공로로 헤롯의 아버지는 로마 시민권을 얻고 유대의 행정관(징세관)이 되었다. 그는 장남(파사엘)을 유대 페트라(예루살렘) 행정관으로 임명하고, 차남 헤롯(훗날 헤롯대왕)을 갈릴리 행정관으로 임명했다(BC 47년). 몇 년 후, 카이사르가 암살되고 헤롯의 아버지도 독살되었다(BC 43년). 아버지의 독살 이후 권력승계 문제로 친형 파사엘과 대립하던 30세의 헤롯은 로마로 건너가서 새 권력자 안토니우스에게 줄을 댔다.

수전절(하누카)

헬라제국은 식민지를 크게 괴롭히지 않는 편이었으나 시리아 셀레우코스 왕조의 안티오쿠스 4세는 달랐다. 그는 이집트를 공격하러 갔다가 대패하고 시리아로 돌아가는 길에 예루살렘에 들러 10만 명의 유대인을 학살하고 예루살렘 성전에 돼지 피를 뿌린 뒤 제우스에게 돼지머리를 제물로 바치는 만행을 저질렀다(BC 168년).

이에 분개한 유대 시골의 대제사장 맛다디아는 5명의 아들과 무력투쟁을 시작했는데 이것이 앞서 말한 마카비 혁명이다. 이 혁명 때 맛다디아의 큰아들인 유다가 예루살렘을 점령하고(BC 164년) 성전을 청결케 했는데 이를 기념하는 날이 수전절(하누카)이다(요 10:22).

정리하면 유대는 마카비 형제(훗날 하스모니아 왕조) 덕분에 시리아에서 독립해 100년간 독립국가로 지냈으나 로마 장군 폼페이오를 불러들이는 바람에 로마의 지배를 받는 속주가 되었다. 여기에 헤롯의 조부와 헤롯의 아버지가 지대한 공헌을 했다는 것이다.

헤롯대왕(대헤롯)

성경에는 헤롯이란 이름이 여러 번 나온다. 그런데 전부 같은 사람은 아니다.

유대인의 왕이 태어났다는 말을 듣고 베들레헴의 아기들을 학살한 헤롯은 헤롯 왕조를 시작한 헤롯대왕이고(마 2장), 애굽으로 피신했던 예수님의 부모가 이스라엘로 돌아오지 못하고 나사렛에 정착할 정도로 두려워했던 헤롯은 헤롯대왕의 아들 헤롯 아켈레오였다(마 2:19-22). 세례요한을 죽이고 재판받는 예수님을 조롱한 헤롯은 헤롯대왕의 친동생인(아들이라는 설도 있다) 헤롯 안티파스였다(눅 23:11).

당시 이스라엘 사람들은 다윗 가문을 통해 이스라엘을 견고하게 할 왕을 주시겠다는 다윗 언약을 믿고 기다렸다. 하지만 헤롯대왕은 하나님의 약속과 상관없이 들어선 이방인 출신의 정치적 왕이었으므로 정통 유대인들은 헤롯대왕을 유대 왕으로 여기지 않았다. 이는 헤롯대왕의 열등감을 자극했다.

대헤롯이 유대 왕이 된 경위는 다음과 같다.
예루살렘에 쳐들어온 파르티아(지금의 이란)는 로마의 꼭두각시 히르카노스 2세를 내쫓고 헤롯의 형 파사엘을 처형했다(BC 40년). 이때

헤롯은 반역자로 몰렸다. 헤롯은 로마로 도망쳐서 안토니우스에게 충성을 맹세하고 그의 측근이 되는 데 성공한다. 헤롯은 안토니우스의 후원으로 원로원으로부터 유대 왕으로 인정받는다(유다 전쟁사 1.282-284). 역사가들은 헤롯이 돈으로 원로원을 매수했다고 주장한다. 충분히 가능한 일이다.

로마가 시리아에서 파르티아를 몰아내고 시리아를 장악하자 '영토 없는 왕' 대헤롯은 예루살렘으로 돌아와서 자기 왕국을 건설하기 위해 3년간 전쟁을 벌인다.

헤롯대왕은 10명이 넘는 부인과 그 사이에서 낳은 아들들의 불화가 심각했는데, 결국 대헤롯은 첫째 부인 마리암이 낳은 아들 알렉산드로스와 아리스토블로스를 대역죄로 몰아 사마리아에서 처형했다(BC 7년). 죽기 직전에는 자신의 후계자로 지명했던 안티파스를 축출했다. 이런 상황에 동방박사들이 찾아온 것이다. 베들레헴의 아기들을 죽인 것은 마리암이 낳은 아들들을 다 죽인 다음이었을 것이다.

대헤롯은 임기 중반에 팍스 로마나(로마의 평화) 정책을 흉내 냈다. 자신이 다스리는 팔레스타인이 평화롭다는 것을 과시하기 위해서 전쟁은 최소화하는 반면 대규모 건축사업을 벌였던 것이다.

대헤롯은 사마리아(알렉산드로스 대왕이 복구하고 하스모니아 왕조가 파괴)를 재건하고, 신전과 도로, 화려한 궁전을 지어 옥타비아누스 황제에게 봉헌한 뒤 도시 이름을 세바스티아('고귀한 자'라는 의미)로 불렀다. 또한 대규모 수로와 로마식 경기장, 원형극장을 화려하게 건설했다. 지중해 연안에는 대규모 항구도시를 건설해서 가이사랴로 불렀다. 가이사랴는 사도행전에서 이방인 최초로 할례 없이 성령을 받았던 고넬료가 있던 곳이기도 하다.

헤롯대왕의 건축물 중에 으뜸은 예루살렘 성전이었다. 46년간 계속된 성전 건축은 헤롯대왕이 죽은 후 봉헌되었다(고대사 20.219). 헤롯성전은 유대인의 호감을 사려고 지었지만 착취당하는 유대인의 입장에서는 폭력이나 다를 바 없었다.

유대인들은 끝까지 대헤롯을 왕으로 인정하지 않았다. 하스모니아 가문 출신이 많은 바리새파도, 대제사장 임면권(임명권과 면직권) 문제로 각을 세웠던 사두개파도 대헤롯을 지지하지 않았다. 대헤롯은 백성들에게는 잔인한 독재자였고 로마에는 한없이 비굴한 사람이었다.

대헤롯이 죽은 것은 BC 4년이다. 그렇다면 예수님은 대헤롯이 죽은 후 4년 뒤에 태어났다는 말이 된다. 하지만 많은 학자들은 베들레헴의 아기들을 죽인 사람은 대헤롯이 맞다고 한다. 그러면 예수님은 33세가 아니라 37세에 돌아가셨다는 것인가? 아니다. 이는 후대에 달력을 만드는 과정에서 생긴 오류인 듯하다. 예수님은 BC 4년이든 0년이든 간에 대헤롯이 죽던 해에 태어나신 것이 맞고, 33세에 돌아가신 것도 맞다. 여기서 달력의 오류를 증명할 필요는 없을 것이다. 어쨌든 유대 왕이 태어났다는 동방박사들의 말을 듣고 베들레헴의 아기들을 죽인 것은 대헤롯이었다.

헤롯의 고군분투

BC 37년에 로마에서 유대로 온 대헤롯은 비로소 영토를 가진 왕이 되었지만 아직 예루살렘을 점령하고 있는 파르티아 군대와 하스모니아 왕가의 잔존세력들과 3년간 싸워야 했다.

그는 실질적인 유대의 왕이 된 후에도 산헤드린(공회)의 견제를 받아 폐위될 위기까지 간 적도 있었다. 그러나 그때마다 그의 이용 가치를 높이 산 로마 당국에 의해 복권되었다.[4]

헤롯은 산헤드린의 정치적 권력을 빼앗아 순수 의회 기능만 유지하게 하고, 대제사장도 단순한 종교적 기능만 하도록 제한했다. 대제사장 임면권은 대헤롯이 가졌다. 대헤롯은 태평성대를 과시하듯 요새 건설, 저수지와 수로 확충, 경기장, 궁전, 극장 건설 그리고 사마리아와 여리고 등의 도시 건설에 힘을 쏟았다.

하지만 유대인들 눈에 헤롯은 여전히 로마의 앞잡이, 유대 왕권을 찬탈한 이방인일 뿐이었다. 우리가 을사오적을 미워하듯 유대인들은 대헤롯을 매우 미워했다.

자신이 배척당하는 이유가 혈통 탓이라고 생각한 헤롯은 이 문제를 해결하기 위해 하스모니아 가문의 마리암(폼페이오에게 나라를 갖다 바친 히르카노스 2세의 손녀)과 결혼했다. 하지만 이미지 개선은 되지 않았다. 오히려 장모 알렉산드라 때문에 어려움을 겪는 등 하스모니아 집안과의 문제만 더 생겼다.

---

4) [네이버 지식백과] 헤롯 [Herod] (라이프성경사전, 2006. 8. 15., 생명의말씀사)

장모 알렉산드라는 자기 아들인 아리스토블로스 3세를 대제사장에 임명하라고 압력을 행사했다. 대헤롯은 장모의 고집에 굴복해서 당시 대제사장을 면직하고 열일곱 살짜리 처남인 아리스토블로스 3세를 대제사장에 임명했다(BC 36년). 이렇게 할 수밖에 없었던 이유는 장모가 로마의 최고실세인 안토니우스의 연인 클레오파트라와 친했기 때문이었다.

몇 개월 후 목욕하던 처남이 익사했다. 헤롯의 소행이 분명하다고 생각한 장모 알렉산드라는 자기와 친한 이집트 프톨레마이오스 왕조의 여왕 클레오파트라에게 하소연했다. 이에 헤롯은 안토니우스(클레오파트라의 연인)에게 불려가 조사를 받았다(BC 34년). 결국 무혐의 판정을 받았지만 장모의 의심은 계속됐다.

BC 31년 그리스 악티움 해전에서 참패한 안토니우스와 클레오파트라가 목숨을 끊자 이를 계기로 대헤롯은 하스모니아 왕가 일족(처갓집)과 추종자들을 대대적으로 숙청했다. 자기의 첫째 아내인 마리암 1세를 부정한 여인으로 몰아 처형하고(숙부 요셉과의 불륜을 의심, 자신의 왕권을 노린다고 의심), 장모도 클레오파트라와 공모했다는 죄목으로 죽였다(BC 29년). 장모가 클레오파트라와 친하지 않았다면 아마 진즉에 죽였을 것이다.

대헤롯은 재임 초기부터 클레오파트라 때문에 골머리를 앓았다. 그녀는 유대 땅을 이집트와 합병할 기회를 노려 대헤롯의 속을 수

시로 뒤집어 놓았다. 클레오파트라는 대헤롯과 나바티안 왕을 이간 질시키더니 기어이 여리고 인근의 땅을 가져갔다. 클레오파트라가 죽자 헤롯은 여리고를 되찾고 그곳에 자신의 겨울 왕궁을 지었다. 헤롯은 안토니우스가 죽은 것은 아쉬웠을지 모르나 영토 때문에 노심초사하게 만들던 클레오파트라가 사라져 속이 시원했을 것이다.

악티움 해전에서 안토니우스에게 승리하고 로마의 최고 사령관이 된 옥타비아누스는 즉각 헤롯을 로도스 섬으로 불렀다. 헤롯은 자기 왕관을 옥타비아누스 발밑에 내려놓고 충성 맹세를 했다. 옥타비아누스는 자신이 로마의 동쪽을 지배하려면 대헤롯이 유대 왕으로 있어야 유리할 것으로 판단하고 유대 왕을 허락했다. 그 후 대헤롯은 황제의 이집트 원정길에 동행해 로마군의 숙식을 제공하는 것으로 황제의 환심을 샀다.

로마에게 이집트는 거대한 곡식창고였다. 이집트를 빼앗기면 로마는 곡물을 공급할 수 없어 망할 것이 분명했다. 그래서 모든 로마 황제들이 이집트 원정에 목을 맸다. 이집트 원정에 도움을 받은 옥타비아누스는 대헤롯이 그동안 점령하지 못했던 도시들(힙포, 가다라, 갈릴리, 바산, 사마리아, 여리고)을 선물로 주었다.

대헤롯이 집권한 지 33년경에는 솔로몬 시대와 거의 맞먹는 영토가 되었지만 유대인들의 삶은 형편없었다. 넓어진 국토는 대헤롯의 부와 명예일 뿐 백성들은 그의 광적인 건축으로 허리만 휘었을 뿐이다. 이 무렵 대헤롯의 병적인 의심은 절정에 달했다. 클레오파트라가 죽음으로써 이집트와의 합병 불안은 사라졌지만 가족과 친족들이 자기 왕좌를 노린다는 의심은 가시지 않았던 것이다.

지금까지의 이야기로 봤을 때 대헤롯이 왜 아기 예수를 죽이려고 했는지 어느 정도 이해가 됐을 것 같다. 대헤롯은 유대를 자기 왕국으로 생각할 만했다. 로마 황제에게 머리를 조아리고 황제의 환관처럼 굴면서 얻은 땅이었기 때문이다. '예루살렘이 전부였던 유대 땅을 솔로몬 시절처럼 영토 확장을 시킨 게 누군데 다윗 가문의 혈통이 이 나라의 주인이라고? 누구 맘대로?' 대헤롯은 이렇게 생각했을 것이다.

솔로몬의 말이 떠오른다.

"어떤 사람은 그 지혜와 지식과 재주를 다하여 수고하였어도 그가 얻은 것을 수고하지 아니한 자에게 그의 몫으로 넘겨주리니 이것도 헛된 것이며 큰 악이로다 사람이 해 아래에서 행하는 모든 수고와 마음에 애쓰는 것이 무슨 소득이 있으랴 일평생에 근심하며 수고하는 것이 슬픔뿐이라 그의 마음이 밤에도 쉬지 못하나니 이것도 헛되도다 사람이 먹고 마시며 수고하는 것보다 그의 마음을 더 기쁘게 하는 것은 없나니 내가 이것도 본즉 하나님의 손에서 나오는 것이로다"
(전 2:21-24).

동방박사들

별을 관찰하다가 유대인의 왕이 태어났다는 사실을 알게 된 동방〔바벨론 또는 바사(이란)나 아라비아(서남아시아)로 추측〕 박사들은 왕에게 경배하겠다며 예루살렘을 찾아왔다. 그렇지 않아도 혈통 콤플렉스가 있던 헤롯은 유대인의 왕이 태어났다는 박사들의 말을 듣고는 심장이 철렁했다. 예루살렘도 술렁였다.

동방박사들은 왜 이렇게 요란하게 나타났을까? 일부러 그런 것은 아니다. 로마의 속국에 왕자가 태어난 것은 그리 대단한 사건이 아니다. 하지만 이들은 천문학자였기 때문에 메시아의 별이 나타나서 움직이자 진짜인지 확인하고 싶었던 것이다.

유대인의 왕이 예루살렘 왕궁에 태어나는 것은 당연하다. 그래서 왕궁으로 간 것이다. 하지만 동방박사들은 다윗 가문에서 유대의 왕이 나온다는 예언도 몰랐고, 헤롯대왕이 이방인 출신이란 것도 몰랐다. 그저 별만 따라온 것이다. 궁 가까이 왔는데 별이 보이지 않자 왕의 아들이 태어났다면 궁 주변의 사람들은 알고 있으리라 생각하고 예루살렘 주민들에게 물어봤던 것이다.

동방박사들 때문에 메시아 예언이 있다는 것을 알게 된 헤롯대왕은 동방박사가 찾아갔던 베들레헴의 아기들을 전부 죽인다.

자신의 왕국을 지키기 위해 안간힘을 쓰던 대헤롯이 유대 왕이 태어났다는 점술가들의 말을 듣고 아기들을 학살해 메시아가 나타날 여지를 없애려 한 것은 자기 스스로 정통성 콤플렉스를 인정한 꼴이었다.

총독에도 급이 있다

시리아는 유대보다 급이 높은 총독이 부임했다(시리아는 원로원급 사절이 부임하고 유대는 행정관급이 부임함). 시리아에 주둔하는 병력이 군단급(대략 8,000명)이라면 유대에 주둔한 병력은 그보다 훨씬 작았다.

로마군단의 조직도에 의하면 한 군단에는 천부장(tribune, 호민관)이 지휘하는 대대가 10개 정도 있었고, 한 대대는 6~8개의 백(百)인부대로 구성되었다. 백인부대에는 80~120명의 병사가 있었다. 백인부대의 장(長)을 백부장(centurion)이라고 불렀다. 백부장은 군복무 경험이 15년 이상 된 노련한 병사 중에서 선발되었다.

헤롯대왕이 죽고 곧바로 총독체제로 간 것은 아니었다. 유대는 대헤롯이 죽은 후 그의 자식들이 나라의 4분의 1을 다스리는 분봉왕(로마의 영주) 제도로 재편되었다. 문제는 예루살렘 지역의 분봉왕이었던 헤롯 아켈레오가 면직되면서 벌어졌다.

영주급인 헤롯 아켈레오가 대제사장 임면권을 갖는 것이 못마땅했던 대제사장 그룹은 아켈레오가 대제사장을 세 번이나 갈아치우는 것을 빌미로 로마황제에게 사절단을 보내 항의했다. 당시 로마는 속국의 종교문제에 관여하지 않았지만 일이 이렇게 되자 유대를 로마 직속령으로 만들고 유대에 총독을 파견했다. 그중 한 사람이 우리가 잘 아는 본디오 빌라도다.

하지만 유대 총독은 대제사장 임면권을 갖지 못했다. 계급이 낮았기 때문이다. 대신 급이 높은(원로원급 사절 출신의) 시리아 총독이 유대 대제사장의 임면권을 가졌다. 이는 빌라도가 왜 대제사장들의 협박에 굴복해 예수를 정치범으로 처형했는지 알 수 있는 대목이다. 만일 빌라도가 대제사장 임면권을 갖고 있었다면 대제사장들은 빌라도를 압박하지 못했을 것이고, 압박했더라도 빌라도는 꿈쩍도 안 했을 것이다.

빌라도는 대제사장들이 마음만 먹으면 자기를 날릴 수 있음을 알았다. 대제사장들이 아켈레오를 날릴 때처럼 로마에 사절단을 보내 황제에게 항의한다면 자기는 그날로 잘릴 것이 뻔하기 때문이다. 황제에게 사절단을 보내 아켈레오를 쫓아낸 경험이 있는 대제사장들은 바리새인들과 짜고 민란을 일으킬 것처럼 사람들을 동원해 관제 데모를 했다. 그러면서 빌라도를 압박했고 결국 자신들의 목적을 달성했다.

유대 총독보다 높은 직급의 시리아 총독 중에서 우리에게 잘 알려진 사람은 구레뇨다. 그는 헤롯 아켈레오가 분봉왕에서 파면된 후 유대 총독이 부임하기 전까지 시리아와 유대 지역을 다스렸다.

대제사장들

시리아 총독 구레뇨가 임명한 유대의 대제사장은 안나스(셋의 아들)였다. 안나스는 부유한 제사장 집안 출신이었다. 대제사장들의 집안이 부유한 이유는 제사로 인해 얻는 수익 때문이었다.

제사장들은 율법에 근거해 제사에 바친 제물들을 가져갈 수 있었다. 고기와 가죽, 곡물과 가축의 초태생에 해당하는 현금, 속량헌금, 양털 소득의 일부를 그리고 부과금 등은 수시로 취할 수 있었다. 이 돈으로 땅이나 과수원을 샀던 것 같다. 그리고 이것은 대제사장 임명을 받는 로비 자금이 되었을 것이다. 율법에 위배되든 아니든 말이다. 율법상 제사장들은 땅을 갖지 못한다.

대헤롯이 대제사장 임면권을 쥐고 있을 때에는 이 짓을 할 수 없기 때문에 대제사장들이 대헤롯과 사이가 나빴던 것이다. 이것이 대헤롯이 죽고 그의 아들 헤롯 아켈레오가 유대 지역 분봉왕이 되었을 때 들고 일어난 가장 큰 이유였다.

유대 지역 전체의 왕도 아니고, 4분의 1로 나뉜 유대 땅의 영주 주제에 종교사회인 유대사회를 좌지우지하는 대제사장을 제멋대로 임명하다니 참기 힘들었던 것이다. 힘이 센 대헤롯은 어떻게 못했지만 분봉왕(영주)은 얘기가 다르다. 로마로 사절단을 보내 원로원을 압박하면 영주 한 명을 날리는 것은 일도 아니기 때문에 이들은 실행에 옮겼고 결국 헤롯 아켈레오는 파면되었다.

대제사장직은 하스모니아 가문 때에는 세습직이었고, 헤롯이 임면권을 갖고 있을 때는 임명직이었다가, 유대가 로마의 속지가 되었을 때는 돈(혹은 땅)으로 원로원급의 총독에게서 사는 자리였다. 총독이 식민지의 땅이 필요했던 이유는 속지의 전역병들에게 퇴직금을 줘야 했기 때문이다.

예수님을 심문했던 대제사장은 안나스였다. 안나스는 시리아 총독 구레뇨가 임명한 자였다. 시리아 총독이 유대 사정을 얼마나 안다고 안나스에게 대제사장직을 줬겠는가? 돈이든 땅이든 대가를 주고 직을 샀다고 생각하는 게 자연스럽다.

안나스는 10년간(주후 6년부터 15년까지) 대제사장을 하다가 빌라도의 전임자였던 발레리우스 그라투스 총독 때 면직되었다. 유대 총독인 발레리우스가 면직시킨 것은 아니고 그때 면직되었다는 뜻이다. 유대 총독에게는 대제사장 임면권이 없기 때문에 시리아 총독이 대제사장을 임명했을 것이다.

안나스는 여기서 멈추지 않고 자기 아들 5명[5]과 사위(가야바)와 손자(데오빌로 아들 맛디아)를 대제사장으로 만들었다. 예수님 당시 이 집안이 성전을 장삿속으로 운영한 것을 보면 돈으로 대제사장 자리를 샀다고 보는 것이 합리적이다.

유대가 로마 식민지가 되고 나서 대제사장을 가장 오래 한 사람은 가야바 그리고 대헤롯의 장인 시몬 뵈투스였다. 이들은 각각 18

---

5) 엘리아살, 요나난, 데오빌로, 맛디아, 안나스 2세.

년간 자리에 있었다. 시몬 뵈투스는 대제사장 임면권을 가진 대헤롯의 장인이었기 때문에 가능했다. 하지만 총독의 임명을 받는 처지였던 가야바가 장기 집권한 이유는 뭘까? 아마 장인 안나스 때문일 것이다. 사위가 대제사장으로 버티고 있어야 성전 장사를 계속할 테니 안나스가 임면권자에게 로비를 했을 것으로 본다.

헤롯이 자기 정권을 유지하기 위해 건축과 세금징수로 로마에 충성했듯이 이들도 나름 로마에 충성을 보였을 것이다. 대제사장이 어떤 충성을 할 수 있는지는 구레뇨 총독의 인구조사 명령 때 대제사장 요아젤이 백성들을 설득한 사례를 들 수 있다.

가야바가 대제사장직에서 면직된 것은 시리아 총독 비텔리우스 때였다(AD 36년). 바울이 대제사장의 공문을 받아서 수리아(시리아)까지 기독교인들을 잡으러 다니던 시기가 이때였다면 공문을 보낸 것이 면직 사유가 되었을 것이다.

예수님을 처형하고도 오랫동안 안나스 집안은 잘 먹고 잘살았다. 대제사장의 권력과 부는 성전 제사가 있는 한 지속되는 구조였기 때문이다. 하나님의 독생자를 죽였으면 천벌을 받아야 마땅한데 하나님은 이들이 대를 이어 권력과 부를 누리도록 놔두셨다. 이는 불의하게 얻은 부와 권력이 하나님이 주신 축복이 아님을 보여 준다. 이 집안이 성전에서 손을 뗀 것은 헤롯 아그립바가 통치하면서부터였다.

헤롯 아그립바는 대헤롯이 죽인 아리스토블로스(모계 혈통은 하스모니아 왕조이고 아버지는 대헤롯)의 아들이었다. 아그립바는 훗날 로마 황제가 된 칼리쿨라와 어릴 때 같이 자랐다. 그는 칼리쿨라를 구하려다가 투옥되기도 했는데 이 때문에 칼리쿨라는 황제가 되자마자 아그립바를 유대 왕으로 임명했다.

칼리쿨라가 죽고 그의 아들 클라우디우스가 로마 황제에 오를 때 그의 장애(다리와 말더듬)가 문제가 되었다. 원로원은 장애 때문에 클라우디우스를 탐탁하게 여기지 않았으나 아그립바의 설득으로 클라우디우스를 왕으로 선출했다. 클라우디우스는 이 공을 잊지 않고 헤롯대왕이 지배했던 땅 전체를 유대에 줌으로써 헤롯 아그립바는 헤롯대왕 다음으로 힘이 센 왕이 되었다.

이렇게 갖게 된 큰 힘을 헤롯 아그립바는 야고보 사도를 잡아 순교시키고 베드로를 잡아 투옥시키는 데 썼다(행 12:3). 그는 유대 지도자들과 사이가 좋았다. 아그립바의 힘이 약했다면 대제사장들이 가만두지 않았을 것이다. 헤롯 왕조는 대헤롯부터 아그립바의 아들 아그립바 2세까지 90년간 존속되었다.

백성들의 십일조는 원래 레위인에게 바치는 것이다. 그리고 레위인은 자기 십일조를 제사장에게 바쳐야 했다. 율법대로면 이게 맞다. 그러나 예수님 당시 레위인은 십일조로 살지 못했다. 마태복음을 쓴 마태는 레위 집안이었지만(본명은 레위 마태다) 그의 직업이 세리였다는 것은 백성들의 십일조를 받지 못했음을 뜻한다.

대제사장직이 과거의 영화를 되찾은 것은 대헤롯의 시대가 가고 로마 황제의 직접 통치를 받으면서부터였다. 로마제국 시대의 대제사장은 70명의 장로들(자신을 포함하면 71명)로 구성된 산헤드린(공회)을 주관하고 유대 사람들의 삶을 다스렸다. 총독은 내치에 관여하지 않기 때문에 대제사장이 왕과 다를 바 없었다. 하스모니아 시대에 대제사장이 왕을 겸했던 것을 생각하면 미약하지만 그래도 대헤롯과 아켈레오 시절에 비하면 힘을 되찾은 것이다.

대제사장들이 성전 제사를 반드시 지켜내고자 했던 이유는 율법 때문도 아니고 하나님에 대한 열심 때문도 아니었다. 그들은 이 땅의 부에 눈이 먼 자들이었다. 그래서 메시아로 알려진 예수님이 성전 청소를 하시자 죽여 버릴 계획을 세웠던 것이다. 그들의 계획은 일단 성공했다. 그들은 예수를 죽인 유월절 저녁, 유월절 만찬(유월절에 잡은 양고기와 포도주)을 먹으며 승리를 축하했을 것이다.

Chapter
07

헷갈리는 예수님의 죽음일과 부활일

주일마다 고백하는 사도신경에는 '예수님이 장사한 지 사흘 만에 죽은 자 가운데 살아나셨다'는 내용이 있다. 그런데 이 부분을 곰곰이 생각해 보면 은근히 헷갈린다. 금요일 낮에 죽으시고 일요일 새벽에 다시 살아나셨으니 사흘이 맞기는 한데 시간상으로는 48시간이 채 안 되기 때문에, 유월절(죽음)-안식일(무덤)-초실절(부활)에 맞추다 보면 날짜와 시간이 안 맞는다. 아무리 1년에 한 번 부활절에만 헷갈린다고 해도 한 번은 짚고 넘어가야 할 것 같았다.

이런 헷갈림은 유대인의 날짜가 저녁(일몰)에 바뀌기 때문에 발생한다. 우리는 밤 0시에 다음 날로 넘어가지만 유대인들은 저녁이(해가 지면) 다음 날이 된다. 유대인의 시간이 우리보다 6시간 정도 빠른 셈이다. 이것을 잘 기억해야 유월절날 예수님의 동선이 헷갈리지 않는다. 자, 이제부터 시간여행을 시작해 보자.

유대인의 절기

이스라엘의 절기는 종교 명절과 농사 명절(절기)로 나누는데, 유월절과 무교절은 종교 명절이고 초실절, 오순절(맥추절), 수장절(초막절)은 농사 명절이다. 이스라엘의 명절은 종교절뿐 아니라 농사절에도 구원 메시지가 들어 있기 때문에 이들의 삶 전체는 구원과 연결되어 있다고 할 수 있다.

초실절은 그해에 처음 익은 보리 한 단을 바치는 절기인데, 첫 보리 한 단은 50일 후(오순절)에 있을 밀과 보리 수확을 보증한다(레 23:10). 초실절에 열매를 거뒀다면 50일 후에 수없이 많은 밀과 보리를 수확하는 것은 당연하다는 뜻이다. 이는 자연(自然)이 하는 보증이 아니라 하나님의 보증이었다.

바울이 부활하신 예수님을 '부활의 첫 열매'라고 한 것은 초실절에 빗댄 설명이었다(고전 15:20). 초실절에 부활하신 예수님은 앞으로 있을 모든 신자들의 부활의 보증이었다.

오순절에 강림한 성령은 3천 명의 신자를 탄생시켰다. 이들은 예수님처럼 장차 부활할 사람들이었다. 원래 오순절은 밀과 보리 추수를 마친 후 드리는 추수감사절이었지만, 장차 부활할 기독교 신자들의 탄생을 궁극적으로 예표하고 있다. 이런 의미에서 성령이 부활할 신자들을 계속 탄생시키는 지금을 오순절 시대(추수철)라고 하는 것이다.

수장절(초막절)의 '수장'(아씹)은 '모으다'라는 뜻이다. 여름에 거둔 열매들을 모아서 저장하기 때문에 수장절이라고 한다(출 23:16). 이들에게 여름은 그냥 더운 계절이 아니라 심판을 준비하는 계절이다. 여름이 끝나면 알곡들은 수장되고(모아지고) 수장되지 못한 것들은 버려지고 짐승들의 먹이가 된다. 이것이 심판이다.

예수님은 종교 명절인 '유대력 1월 14일'(태양력 3월 중순)인 유월절 오후에 죽으셨다. 이날을 '유월절 양 잡는 날'이라 부르기도 한다(막 14:1).
그런데 구약에서 명확하게 구분하던 유월절과 무교절을 신약에 와서는 잘 구분하지 않고, 하루짜리 명절인 유월절과 다음 날부터 시작되는 7일간의 무교절을 묶어 유월절 또는 무교절로 부르기도 한다(눅 22:1). 유의할 점은 '무교절 첫날'은 무교절 7일 중 첫째 날이 아니라 하루짜리 명절인 유월절이라는 점이다.

예수님 당시의 유월절은
유월절 1일 + 무교절 7일을 더한 8일짜리 축제였으며,
유월절과 무교절을 구약처럼 명확히 구분하지 않았다.

양고기 파티

유월절 만찬은 유월절 오후 3~4시에 잡은 양을 저녁에 먹는 '양고

기 파티'를 말한다. 유월절 다음 날부터 7일간은 무교병(누룩 없는 빵)[1]을 먹어야 했는데, 무교병을 먹기 때문에 무교절이라 불렀다. 무교병과 함께 쓴 나물도 먹어야 했다. 이는 전통이 아니라 신명기 율법이므로 무조건 지켜야 했다.

7일간 계속되는 무교절 사이에 초실절이 끼어 있다. 초실절은 날짜가 정해진 것이 아니라 7일간의 무교절 중 일요일(첫 안식일 다음 날)이다. 초실절에는 그해에 처음 익은 보리 한 단을 하나님께 바치기 때문에 '첫 열매의 날'이라고도 한다. 초실절 보리는 항상 갈릴리에서 수확한 보리를 바쳤는데, 현무암이 많은 갈릴리가 땅의 온도가 높아 이스라엘에서 가장 먼저 보리가 익었기 때문이다. 갈릴리 나사렛 출신인 예수님이 초실절 새벽에 부활하신 것, 갈릴리 사람들 120명이 최초로 성령을 받아 예수의 증인이 되었다는 것 역시 초실절 메시지와 맞아떨어진다고 하겠다.

만일 예수님이 화요일인 유월절에 돌아가셨다면 사흘(3일) 만인 목요일에 부활하셨을까? 아니면 죽은 지 6일 만인 초실절(일요일)에 부활하셨을까? 예수님이 부활의 첫 열매라는 것을 알리려면 장사한 지 6일 만인 초실절에 부활하셔야 할 것 같다. 그러면 요나의 표적도 6일짜리로 바뀌어야 한다. 이래서 역사에 가정법은 없다고 하는 것이다. 가정하는 순간 모든 것이 엉킨다. 예수님이 금요일인 유월절에 죽으시고 사흘 만인 일요일 초실절 새벽에 부활하신 것은, 절기를 만들 때부터 예정된 것이기 때문에 바뀔 수 없다. 만일은 쓸데없는 가정이다.

---

1) 구약에서 무교병은 '마짜', 누룩을 넣어서 만든 유교병은 '하마쯔'로 불렀다.

유대인의 날짜 변경선

절기보다 더 헷갈리는 것이 유대인의 날짜다. 앞에도 말했지만 그들은 저녁에 날짜가 바뀐다. 우리는 밤 12시에 날짜가 바뀌지만 실제로는 해가 떠야 날이 바뀌었다고 생각한다. 해가 떠야 출근도 하고 일상이 시작되기 때문이다. 자는 동안 하루가 시작됐지만 그렇게 생각하지 않을 뿐이다.

하루의 시작이 저녁이면 어떻게 될까? 저녁 식사로 하루를 시작한다. 만일 저녁을 먹고 밤에 안 잔다면 하루가 훨씬 길게 느껴질 수도 있다.

예수님의 유월절이 이랬다. 밤에 잠을 안 자고 여기저기 끌려다니셨기 때문에 하루가 이틀같이 길었다. '유대인들은 저녁 식사로 하루를 시작한다'를 기억하는 것이 헷갈림을 줄이는 방법이다.

'예수님이 유월절 밤에 잡히고 아침이 되었다'고 하면, 우리는 유월절 다음 날이 된 것으로 생각하지만 유대인의 시간으로는 '같은 날'이다. '유월절 밤에 잡히고 아침이 되었으면 토요일 아침이 되었다는 것인가? 토요일은 안식일인데? 그러면 예수님이 목요일 밤에 잡힌 것인가?' 헷갈림은 이렇게 시작된다.

그러나 예수님은 유월절(금요일) 밤에 잡히신 것이 맞고 아침이 밝았지만 여전히 유월절(금요일)인 것이다. 유대인의 하루는 저녁에 시작되기 때문이다.

dinner인가? supper인가?

만찬(晚餐)은 영어로 dinner(디너)라고 하는데, 메인 요리를 먹는 풀코스를 말한다. 메인 요리가 빠지면 만찬(디너)이 아니다. 유월절 만찬의 메인 요리는 유월절에 잡은 양고기인데 양고기가 빠졌다면 유월절 만찬(디너)이라고 하면 안 되는 것이다. 실제로 예수님은 유월절 만찬(양고기 저녁 파티)을 못 드시고 죽으셨다. 그러면 예수님이 드신 최후의 만찬은 뭘까? 그것은 일상적인 저녁 식사(supper)였다.

예수님의 유월절 당일 행적을 추적해 보면 다음과 같다.

예수님은 유월절이 막 시작된 저녁 시간(1월 14일, 금요일 시작점)에 제자들과 저녁 식사를 하셨다. 아직 유월절 양을 잡기 전이었기 때문에 양고기 없이 빵과 포도주만으로 간단한 식사(supper)를 하셨다. 유대인의 날짜가 저녁에 바뀐다는 것을 염두에 두지 않으면 예수님이 유월절 식사를 유월절 '전날' 저녁에 했다고 오해할 수도 있다.[2]

예수님의 유월절 서퍼(supper)와 전통적인 유월절 디너(dinner)는 24시간 차이가 난다. 전통적인 유월절 만찬은 유월절이 끝나고 무교절이 시작된 저녁 시간에, 유월절 오후에 잡은 양고기와 함께 무교병을 먹는다. 왜 유월절 양고기를 무교절에 먹는가? 유월절 오후에

---

[2] 우리 시간을 기준으로 하면 목요일 저녁이라고 해도 틀린 말은 아니다. 그러나 이렇게 말하면 유월절도 아닌 시간에 유월절 식사를 했다는 오해를 살 수도 있기 때문에 유대인의 시간법으로 계산하는 것이 좋다.

양을 잡고 음식을 만들다 보면 해가 지고 날짜가 바뀌어 무교절이 시작되기 때문이다. 어쩔 수 없다.

예수님이 유월절 식사 때 드신 빵은 무교병일까 유교병일까? 답은 유교병이다. 무교절이 되려면 아직 24시간이 남았기 때문에 무교병을 먹을 이유가 없다. 예수님은 평소처럼 유교병(누룩이 든 빵)을 드셨다. 예수님만 그런 게 아니라 이 시간에 저녁을 먹은 모든 유대인들이 유교병을 먹었다.

누가가 실수했다?

유교병에 관한 재미있는 일화가 있다. 누가는 예수님께서 유월절 저녁 식사 때 먹은 빵을 '아르토스'라고 했다(눅 22:19). 아르토스(ἄρτος)는 누룩을 넣은 밀가루 빵(유교병)을 말한다.[3] 성경학자들은 예수님이 무교절에 유교병을 먹었을 리가 없으니 누가가 무교병을 유교병으로 잘못 썼다고 주장했다.

신명기에는 유월절에 제사 드린 소나 양과 함께 무교병을 먹어야 하며, 절대 유교병과 함께 먹지 말라고 나와 있는데(신 16:3) 예수님이

---

3) 성소의 진설병도 '유교병'(아르토스)이고, 오병이어(五餠二魚)의 기적에 나오는 '오병'(다섯 개의 떡)도 '유교병'(아르토스)이었다. 오병을 보리떡으로 번역한 이유는 아마도 그 당시 가난한 사람들이 보리떡을 먹었을 것이라고 생각한 듯하다. 그러나 '아르토스'는 '유교병'이란 뜻이기 때문에 보리떡이라고 해석하는 것은 잘못이다. 보리떡에도 누룩을 넣을 수 있지 않냐고 할 수도 있지만 보리는 거칠어서 누룩을 넣어도 부풀지 않기 때문에 보리에는 누룩을 넣지 않는다.

율법을 어기고 유월절에 유교병을 먹었을 리 없으니 누가가 성경을 잘못 기록했다는 것이다. 무엇이 맞는 것일까?

예수님이 무교절이 시작되는 시간에 유교병과 유월절 양고기를 먹었다면 신명기 율법을 어긴 것이 맞다. 하지만 유월절 양을 잡으려면 아직 20시간 이상 남은 때라 유월절 고기는 있지도 않았고, 무교절은 24시간 후에 시작되므로 무교병을 먹을 이유가 없었다.

누가는 성경을 잘못 기록하지 않았다. 성경학자들이 유대인의 시간을 잘 이해하지 못해 벌어진 해프닝이다. 성경학자들도 예수님의 유월절 저녁 식사(supper)와 전통적인 유월절 만찬(dinner)이 헷갈릴 정도라면 일반 신자들이 헷갈리는 것은 이해하고 넘어가야 할 것이다.

무교병의 시작

무교병은 누룩을 넣지 않아 과자 같은 식감의 빵인데, 구약에서는 '마짜'라고 불렀다(창 19:3). 마짜(מצה)는 '누룩 없는'이란 뜻이다. 무교병도 '마짜', 무교절도 '마짜'다.[4]

출애굽 때 무교병을 먹었기 때문에 무교병의 기원은 출애굽이 아니냐고 생각할 수도 있지만 무교병이 성경에 처음 등장한 것은 그보

---

[4] 무교절을 마짜라고 하는 것은 누룩 없는(마짜) 기간이기 때문이다. '마짜'는 헬라어로 '아쥐모스'라고 하는데, '누룩(쥐메)이 없다'는 뜻이다. '아쥐모스'보다 '마짜'라는 말이 더 널리 알려졌다.

다 훨씬 전인 롯의 소돔 탈출 직전이었다(창 19:3). 롯이 소돔에 나타난 하나님의 천사들을 자기 집에 들인 후 급하게 대접한 것이 무교병(마짜)이었다. 왜 손님에게 무교병을 대접했는지는 모르겠지만 어쨌든 무교병을 먹은 후 롯은 소돔을 탈출했다. 그 후 무교병은 출애굽 지정 음식이 되었고 무교절 공식 메뉴가 되었다(출 12:8).

율법에도 무교병이 나오는데 제사법은 아침 제사 때 무교병을 태우게 했다. 이는 아침마다 하나님의 구원을 기억하라는 뜻일 것이다(민 28:8; 레 2:11).

진설병의 정체

성소의 상 위에 진열해 놓은 12개의 진설병은 무교병일까 유교병일까? 무교병이 구원을 상징하는 음식이기 때문에 성소의 진설병 역시 무교병이 아닐까 생각했다. 그래서 찾아보았다. 그런데 구약성경은 진설병이 무교병(마짜)인지 유교병(하마쯔)인지 밝히지 않는다. 그냥 떡(레헴)이라고만 했기 때문에 정체를 알 수 없다(민 4:7).

그 진설병의 정체는 예수님과 히브리서 기자가 밝혔다. 성소의 진설병은 누룩을 넣은 '유교병'(아르토스)이었다(마 12:4; 히 9:2). 성소의 떡상 위에 진열한 12개의 진설병은 이스라엘 12지파를 상징하는데, 진설병을 유교병으로 세팅한 이유는 누룩이 들어간 떡처럼 12지파가 늘어나라는 뜻이었다. 예수님이 왜 천국을 "밀가루 서 말을 전부 부풀게 한 누룩 같다"라고 하셨는지 이해가 된다(마 13:33). 누룩 넣은 진설병처럼 천국 백성도 늘어난다는 뜻이다.

'밀가루 서 말'(사타: σάτα)은 밀가루 25킬로그램에 해당하는 양이다. 누룩 넣은 12개의 진설병이 수백만 명의 이스라엘 자손으로 성장했다는 것을 아는 유대인이라면 천국을 밀가루 한 부대에 넣은 누룩에 비유하는 말을 들었을 때, 천국 백성이 얼마나 많아질지 가늠할 수 없음을 알았을 것이다. 하나님이 아브라함에게 "네 후손이 하늘의 별처럼 셀 수 없을 것이라"고 하신 말씀대로 '진짜 되겠구나'라고 생각했을 것이다.

긴 하루

예수님의 유월절 하루의 행적은 다음과 같다.

유월절이 시작된 지 몇 시간 안 되는 금요일 밤 9시경, 빵과 포도주로 간단히 유월절 저녁 식사를 마치신 예수님은 제자들과 함께 시편을 찬미하며 감람산으로 올라가셨다.

밤 12시가 넘은 시간, 감람산에서 기도하시던 예수님은 가롯 유다를 앞세운 로마군병과 대제사장의 부하들에게 잡히셨다(요 18:3).

새벽이 되기 전, 아직 어두울 때 예수님이 끌려가신 대제사장 집 마당까지 따라간 베드로는 예수님을 세 번 부인했다. 그리고 닭이 울었다.

유월절이 시작된 지 12시간쯤 지났다. 아침 햇살이 퍼지기 시작할 무렵 예수님은 로마 법정에 넘겨졌다. 공회의 대표인 대제사장은 자기들에게 위협적인 예수를 빨리 처형할 목적으로 정치범으로 몰아 로마 법정에 고발했다. 당시 종교재판의 최고형은 돌로 쳐 죽이는 것이었으나 그러려면 공회를 소집하는 등 시간이 지체되기 때문에 제사장 그룹은 예수를 로마군의 손을 빌려 빨리 죽이고 싶은 마음에 내란죄를 뒤집어씌워 정치범으로 만든 것이다.

요한은 이들이 예수를 빨리 죽이고(맘 편히) 유월절 만찬을 먹고 싶어 그랬다고 기록했다(요 18:28). 그러려면 오늘(금요일이자 유월절) 해 지기 전까지 예수를 죽여야 했다. 해가 지면 안식일(토요일)이 시작되고 안식일엔 시체를 처리할 수 없으니 오늘 안에 처형하라고 빌라도 총독을 재촉했다.

내란죄가 성립되지 않는다는 것을 안 빌라도가 예수를 석방하려 하자 대제사장들은(이때 대제사장은 세 명이었다) '유대인의 왕'을 처형하지 않는 것은 로마황제에게 반역하는 행위라며 빌라도를 협박했다(요 19:12). 이들은 미리 군중들을 준비해 빌라도가 예수를 죽이지 않으면 당장 폭동이 일어날 것처럼 연출했다. 이에 굴복한 빌라도는 예수에게 십자가형을 선고했다.

유월절 낮 12시, 예수께서 십자가에 달리셨다. 땅이 어두워졌다. 어둠은 세 시간 동안 계속됐다(마 27:45).

오후 3시, 예수께서 돌아가셨다(눅 24:44). 성소의 휘장이 위에서 아래로 찢어져 둘로 나뉘고 땅이 진동하고 바위가 터졌다. 같은 시간, 성전에서는 유월절 양들이 죽었다.

　유월절이 끝나가는 늦은 오후, 산헤드린 의원이자 예수님의 제자였던 아리마대 부자 요셉이 빌라도에게 예수의 시체를 요청했다(요 19:38). 요셉은 예수님의 시체를 세마포로 싸서 자기 무덤으로 쓰려던 바위 굴속에 안장한 뒤 돌을 굴려 무덤을 막았다(막 15:46). 대제사장과 바리새인들은 빌라도에게 예수의 무덤을 지켜 달라고 요청했다(마 27:62). 혹시 제자들이 시체를 감춰 놓고 예수가 살아났다고 할까 봐 그런 것이다. 이에 빌라도는 대제사장을 지키는 경비병을 시켜 돌을 인봉하고 무덤을 굳게 지키도록 했다(마 27:66).
　해가 졌다. 긴 하루였다.

　이 당시 로마의 십자가 처형은 내란죄(반역죄)를 지은 자에게 적용되는 사형제도였다. 예수님의 죄명은 '유대인의 왕'이었다(요 19:19). 빌라도는 반란을 일으킨 적 없는 예수님을 유대인의 왕이라는 죄목으로 처형했다.
　그러나 예수님이 십자가에서 처형당한 진짜 이유는 하나님 나라 때문이다. 그들은 모르고 한 일이지만 결과적으로 하나님 나라를 세운 예수는 로마 입장에서는 반역자였기 때문이다. 예수께서 "자기 십자가를 지고 나를 따르라"고 하신 말씀은 이 세상에서 반역죄로 죽을 각오를 하고 주님을 따르라는 뜻이었을 것이다(마 16:24). 로마뿐 아니라 이 땅의 나라가 하나님 나라를 달가워하지 않을 것이 자명하기 때문이다.

초실절 새벽

안식일이 끝나고 주일 새벽(초실절)이 되었다. 막달라 마리아와 야고보의 어머니 마리아(예수님의 어머니)와 살로메(야고보 사도와 요한의 어머니)는 향품을 들고 해가 뜨기도 전에 무덤을 찾았다(막 16:1). 죽은 예수님의 몸에 향유를 바르기 위해서였다. 무덤 입구를 막은 돌을 어떻게 굴려야 하나 걱정하며 도착했는데 돌은 이미 굴려져 있었고 무덤에는 아무도 없었다. 부활하신 예수를 처음으로 목격한 사람은 막달라 마리아였다(막 16:9). 같이 간 여자들은 예수님의 발을 붙잡고 경배했다(마 28:9).

막달라 마리아를 창녀로 아는 사람이 많지만, 이 여자는 창녀가 아니고 예수님께 향유를 부은 여자도 아니다. 그냥 돈이 많고 나이가 많은 여자였다. 일곱 귀신 들렸던 것 때문에 창녀라는 오해를 하는데 절대 아니다.

막달라 마리아는 예수님의 어머니, 요한의 어머니와 비슷한 또래였지만 이들보다 나이가 많았다. 성경에 나오는 마리아 중에 막달라 마리아부터 이름이 나오는 이유는 유대인들이 관례상 나이순으로 이름을 쓰기 때문이라는 설도 있다. 어쨌든 향유 옥합을 깨뜨려 예수님의 머리에 부은 여자는 베다니에 살던 마르다 동생 마리아였다. 창녀는 막달라 마리아가 아니라 베다니 출신의 마리아였다.

예수님의 죽음과 부활이 이스라엘 절기와 겹치는 것은 우연이 아니다. 절기는 장차 오실 예수 그리스도의 사역을 염두에 두고 만든 것이기 때문이다.

예수님이 하필 유월절에 죽으신 이유는 예수님이 출애굽 당시 어린 양처럼 하나님의 백성들을 죽음에서 유월하게(pass over, 뛰어넘게) 한다는 뜻이다. 또한 초실절에 부활하셔서 부활의 보증이 되실 것도 말씀하셨다. 이것을 변주(variation)한 말씀이 "나는 생명이요 부활이니 나를 믿는 자는 죽어도 살겠고 무릇 살아서 나를 믿는 자는 영원히 죽지 아니하리니"(요 11:25-26)이다.

최후의 식사와 새 언약

예수님은 마지막 유월절 식사를 하시면서 "떡과 잔을 마실 때마다 나를 기념하라"고 하셨다.

> "이것(떡)은 너희를 위하는 **내 몸이니** 이것을 행하여 **나를 기념하라** 하시고 식후에 또한 그와 같이 잔을 가지시고 이르시되 **이 잔은 내 피로 세운 새 언약(디아데케)이니 이것을 행하여 마실 때마다 나를 기념하라**"(고전 11:24-25).

'기념'(아남네시스)은 기억이라는 뜻이다. 무엇을 기억하라는 것일까? 예수님의 죽음이 새 언약의 효력을 발생시켰음을 기억하라는 뜻이다. 더 쉽게 말하면 '내 죽음이 너희를 새 언약 백성 되게 했음을 기억하라'이다.

  새 언약의 핵심은 여호와께서 자기 백성의 죄를 사하고 다시는 기억하지 않는다는 것이다(렘 31:33-34). 새 언약은 완전한 죄 용서가 전제되어야 체결되는데 예수께서 언약이 체결될 수 있도록 십자가에서 완전한 죄 용서를 받으신 것이다. 예수께서 유월절 잔을 들고 "이것은 죄 사함을 얻게 하려고 많은 사람을 위하여 흘리는 바 나의 피 곧 언약의 피"(마 26:28)라고 하신 것은 이러한 이유 때문이다.

  "나의 죽음이 너희를 새 언약의 상속자가 되게 했음을 기억하라."

  이 내용을 빼고 예수님의 최후의 만찬을 말하면 의미가 없다.

Chapter

08

갈비뼈와 여자

어떤 실험

어떤 과학자가 남자와 여자의 차이를 알아보려고 실험을 했다.

말을 안 듣는 것은 물론이고 규칙을 하나도 안 지키는 남자아이 한 명을 또래의 남자아이 그룹에 넣어서 함께 놀게 했다. 잠시 후 놀이터에는 그 남자아이만 남고 모두 도망가 버렸다.

이번엔 여자아이 그룹에 이 남자아이를 넣었다. 여자아이들은 규칙을 안 지키고 말도 안 듣는 이 아이에게 계속 규칙을 가르치며 놀았다. 여자아이들은 이 남자아이를 버려두고 도망가지 않고 끝까지 함께 놀았다. 무엇이 여자와 남자의 차이가 나게 했을까?

"여호와 하나님이 아담에게서 취하신 그 **갈빗대**로 여자를 만드시고 그를 아담에게로 이끌어 오시니"(창 2:22).

성경은 남자는 흙으로 만들었지만 여자는 남자의 갈비뼈로 만들었다고 했다. '여자를 만들다'에서 만들다로 번역된 '바나 בנה'는 건축이란 뜻이다. 그러나 '남자를 만들다'에서 만들다로 번역된 '야차르 יצר'는 주물러 빚었다는 뜻이다. 건축 재료의 차이는 건축 방법의 차이를 가져온다.

건축은 재료의 특성이 건축물에 나타난다. 갈비뼈로 건축된 여자는 갈비뼈의 특성을 갖게 된다. 여자가 가지는 갈비뼈의 특성은 무엇일까?

가장 부드러운 뼈

갈비뼈는 말랑말랑한 연골이 많이 붙어있는 까닭에 가장 부드러운 뼈이며 잘 휘어지는 뼈다. 이 때문에 숨을 쉴 때 폐와 함께 움직일 수가 있다. 24개의 뼈가 함께 움직이는 갈비뼈의 특성은 여럿이 몰려다니기 좋아하는 여자들의 특성과 닮아있다. 이는 혼자 있기 좋아하는 남자들의 특성과는 매우 다른 점이다.

갈비뼈의 주된 기능은 보호(protect)다.
24개가 함께 붙어있는 갈비뼈는 크래들(cradle)처럼 심장과 간과 폐를 보호한다. 평소엔 보호하는 갈비뼈지만 외부의 압력으로 부러

지면 날카롭게 심장과 폐를 찔러 사람을 죽음에 이르게 한다. 마찬가지로 마음이 상한 여자는 날카로운 칼처럼 상대를 찌르기도 한다. 말이나 눈빛으로 살(살기)을 날려 상대를 말려 죽일 수도 있다.

반면 갈비뼈는 잘 부러지는 약한 뼈이기도 하다.
금이 잘 간다. 골프 칠 때 몸통을 조금만 과하게 돌려도 금이 가고, 넘어져도 금이 간다. 갈비뼈에 금이 가면 숨 쉬는 것도 아프다. 베드로가 여자들은 깨지기 쉬운 그릇이니 살살 다루라고 충고한 것만 보더라도 여자와 갈비뼈는 매우 닮아있다는 것을 알 수 있다.

"남편들아 이와 같이 지식을 따라 너희 아내와 동거하고 그를 더 연약한 그릇(도구)이요 또 생명의 은혜를 함께 이어받을 자로 알아 귀히 여기라 이는 너희 **기도**가 막히지 아니하게 하려 함이라"(벧전 3:7).

신학대학원 때 일이다. 한 전도사가 자기는 아내 앞에만 서면 벌거벗고 있는 것 같다고 했다. 모든 걸 알고 있는 것 같은 아내의 눈빛 때문에 거짓말을 전혀 할 수 없다는 것이다. 우리 집 남자도 가끔 비슷한 소리를 했다.
여자의 눈에서 엑스레이가 나오는 걸까? 여자는 어떻게 남편의 모든 걸 꿰뚫어 보는 눈을 가지게 된 걸까?

상상력과 비약

뇌과학자들에 의하면 여자의 뇌와 남자의 뇌는 다르게 움직인다고 한다. 여자의 뇌는 좌뇌와 우뇌의 교류가 활발한 것에 비해, 남자의 뇌는 그렇지 못하다는 것이다. 이들은 여기서 남자와 여자의 차이가 발생하는 것으로 본다. 이런 뇌과학자들의 이론은 남녀의 생각의 차이를 알려주지만, 왜 여자의 뇌가 그런지는 설명하지 못한다.

하지만 갈비뼈의 특성과 연관 지어 보면 가능하다. 갈비뼈의 유연한 특성 때문에 여자들은 대체로 남자에 비해 유연한(flexible) 몸을 갖는다. 몸이 유연하면 생각도 유연하다.

이 때문인지 여자들은 논리보다는 상상과 비약이 더 쉽다. 여자의 유연한 생각은 강력한 상상력이 되었다. 이 상상력은 '행간 읽는 실력'으로 발전하여 남자의 행동의 차이를 읽고 생각을 읽어내는 실력을 발휘한다. 둔한 여자라도 행간 읽는 실력은 샤프한 남자보다 낫다.

자기 생각을 들켜 본 남자들은 여자들의 비약이 심하다고 비난하지만 실은 자기 머릿속을 정확하게 훑어보는(스캔하는) 여자가 무서운 것이다. 겉으론 부인하지만 속으론 놀란 가슴을 쓸어내린다. 여자의 행간 읽는 능력 때문에 나쁜 짓은 꿈도 못 꾸는 게 지루할 수도 있다. 남자들이 진짜 두려워하는 것은 심심한 인생을 사는 것일지도 모른다.

그러나 멀쩡히 이야기를 다 듣고 나서 들은 이야기 위에 자기 느껌과 비약을 더하는 것은 여자들의 상상력이 불러들인 위험한 능력이다. 뱀과 말을 할 때도 여자는 자기가 들은 것보다 더 비약해서 말했다. 먹지도 말고 만지지도 말라니. '만지지도 말라'는 말은 하나님은 하신 적이 없고 아담도 그렇게 말하지 않았을 것이다. 아담은 고지식해서 들은 말에다 자기 생각을 더할 성격이 아니다.

상상력이 장점만은 아니다

빛이 밝으면 반대편의 어둠이 짙듯이 여자의 상상과 비약의 탁월성은 분별이 약하고 잘 속는다는 단점을 가진다. 그래서 여자의 이 능력은 통제되지 않으면 에덴의 여자처럼 남편마저 자기 말에 순종하게 만들어 버린다.

명검은 칼집이 좋아야 하는 것처럼 여자의 탁월한 상상력은 명검처럼 빛나지만 그것을 보관할 통제의 칼집이 준비되지 않으면 호기심에 발목이 잡혀 사탄에게 속고 말 것이다. 그러므로 하나님이 여자를 남자의 통제 아래 있게 한 것은 저주가 아니라 여자의 특성을 보호하기 위한 하나님의 대책으로 봐야 한다. 하나님이 여자에게서 상상력과 비약하는 버릇을 없애버리셨다면 세상은 얼마나 무미건조했을까?

모든 여자가 다 같지는 않다

유연한 몸이 있는가 하면 유난히 뻣뻣한 몸도 있고, 유난히 비약이 심한 여자가 있는가 하면 비약이 하나도 없는 여자도 있다. 하나님은 같은 여자라도 획일적으로 만들지 않으셨다. 긴 갈비뼈가 있으면 짧은 갈비뼈도 있고 중간짜리도 있는 거니까.

갈비뼈처럼 보호하려는 성질이 있는 여자가 있는가 하면, 없는 여자도 있고 여럿이 다니는 걸 좋아하는 여자가 있는가 하면, 혼자 있는 걸 좋아하는 여자도 있다. 행간을 잘 읽어 감정이입이 쉬운 여자도 있고, 상대와 처지를 바꿔서 생각하는 역지사지(易地思之)가 잘 안 되는 여자도 있다. 그러나 다양한 크기의 갈비뼈처럼 정도의 차이는 있어도 갈비뼈 때문에 여자가 갖게 된 장점들은 남자를 도와주는 배필로 살기에는 더할 수 없이 좋은 점이다.

Chapter 09

돕는 배필

반대편에서 돕는 자

"돕는 배필"은 히브리어로 '에쩨르 네게드'이다. '에쩨르 עזר'는 돕는다는 뜻이고, '네게드 נגד'는 반대편(맞은편, 정면)이란 뜻이다. 돕는 배필을 직역하면 '반대편에서 돕는 자'라는 뜻이 된다.

'돕는'이란 말 때문에 '돕는 배필'이 남편의 출세를 도와주는 자로 해석하는 사람도 많다. 그러나 이는 성경적인 가르침이 아니라 유교문화에서 나온 해석이다. 유교문화권인 우리나라에서는 '돕는 배필'과 '내조'(內助)를 같은 의미로 받아들인다. 내조(內助)는 안(여자)에서 밖(남편)을 돕는다는 뜻인데, 일반적으로 여자가 남편의 출세나 자아성취(입신양명)를 돕는 것을 내조로 해석한다. 전통적으로 우리나라에서는 남편이 출세하면 여자가 내조를 잘한 사람으로 평가받고 칭송받아왔다.

문제는 교인 중에도 '돕는 배필'을 '내조 개념'으로 해석하는 경우가 있다는 것이다. 내조는 남편의 이름을 높이고 남편의 출세를 돕는 것이지만, 성경의 돕는 배필은 남편이 '하나님의 이름을 높이도록 돕는 것'이다.

내조와 돕는 배필의 목적은 전혀 다르다. '에쩨르'는 남편의 이름을 높이는 자가 아니다. 보통 문제는 교회에서 남편의 이름을 높이고자 하는 '에쩨르'에서 나타난다.

여자 교인들 중에는 남편을 장로로 만드는 것이 진정한 '에쩨르'인 줄 알고 심하게 돕는 경우가 있다. 대표 기도문도 대신 써주고 남편이 맡은 교회 부서 일도 대신 처리한다. 남자들이 장로 자리를 교회에서 출세인 줄 아는 것도 마음이 어렵지만 장로 만드는 일이 자신이 도울 일이라고 알고 있는 '에쩨르들'이 우리의 마음을 더 어렵게 한다.

남자와 반대되는 특성

'돕는 배필'의 위치를 생각해보면, 돕는 자(에쩨르)가 무엇을 도와야 할지를 알 수 있다. 하나님은 '에쩨르'의 자리를 남편의 왼쪽도 오른쪽도 아닌 반대쪽에 마련하셨다. 반대편이란 남자와 '반대되는 특성'을 상징한다.

반대편에서 에쩨르가 할 일이 무엇일까?
하나님이 주신 복을 이루는 것이다. 주신 복이란 '생육과 번성'을 말한다. 남자 혼자서 생육하고 번성할 수가 없기 때문에 에쩨르는 반대편에서 남편이 가지지 못한 것으로 생육과 번성을 도와야 한다. 생육과 번성은 남편의 반대편에 있는 에쩨르가 1차적으로 도울 일이다.
여기서의 생육과 번성은 하나님의 형상을 닮은 자들을 생육하고 번성하는 것을 말한다. 하나님이 축복한 생육과 번성은 단순한 숫자의 증가가 아니다.

돕는 배필은 돕기만 하는 게 아니라 '막기'도 해야 한다.
남편이 자기 이름을 높이기 위해 달려갈 때는 막아야 한다. 어떻게 막을 수 있을까? 마주 서서 남편을 보면 남편의 눈빛과 표정의 미묘한 차이에서 평소와 다른 변화를 감지할 수 있다. 이것을 하라고 돕는 배필의 위치를 남자의 반대편으로 하나님이 정하신 것이다.

그러므로 에쩨르는 남편이 자기 야망을 위해 달려갈 땐 막고 때론 싸우기도 하고 때론 '융통성 없다, 저만 잘났다'는 소리도 듣게 해야 한다. 기도문을 써 달라고 하면 거절하고, 부정한 돈을 받아오면 화를 내고, 이로 인해 갈등이 생겨도 막기를 포기하지 않아야 하나님이 의도하신 '돕는 배필'인 것이다. 돕는 배필은 남편에게 언제나

박수만 치고 yes(예스)만 하는 사람이 아니다.

돕는 자(에쩨르)라는 말에는 '주도권'을 여자가 가지지 말라는 뜻이 포함된다. 주도권이란 '하나님을 불신하는 일에 있어서 주도적인 것'을 말한다. 하와는 이 점에서 실패했다. 선악과를 먹는 일에 주도적이었던 여자는 남편이 하나님께 위임 받은 일을 망치는 것을 돕는 자가 되었다. 그녀는 선악과 사건에서 주도적인 역할을 함으로써 '에쩨르'의 자리가 아니라 주도하는 자리에 있었다.

세상의 많은 아내들은 남편의 출세를 내조할 때는 인내하지만, 돕는 배필의 역할을 할 때는 갈등을 인내하지 못하고 남편의 이름을 높이는 일의 협조자가 되어 '에쩨르'가 아닌 내조(內助)로 방향을 돌린다. 어쩌면 돕는 배필의 진짜 적(敵)은 여자 자신 안에 있는 '야망'인지도 모른다.

Chapter

10

지키다

두 개의 명령

에덴에서 태어난 아담에게 하나님은 두 가지를 명령하셨다.

"여호와 하나님이 그 사람을 이끌어 에덴동산에 두사 그것을 다스리며 (아바드) 지키게(샤마르) 하시고"(창 2:15, 개역한글).

두 가지 명령 중 첫 번째는 다스리라(아바드)였다. '아바드'는 'work, 섬기다, 경작하다'란 뜻인데, 나중에 '예배' (worship)라는 뜻으로 발전한다. 다스리다(아바드 עבד)는 '노동과 섬김' 을 뜻하는 단어로 구약에 262회 나오고, '보호(protect)와 감시'를 뜻하는 지키다(샤마르 שמר)는 구약에 440회 나온다. 특히 '지키다'(샤마르)

는 대부분 언약과 관련되어 사용되는데 많은 사람들이 다양한 것을 '지키는 일'로 부름을 받게 된다.

두 번째 명령은 지키라(샤마르)였다

'샤마르'(שמר)는 지키고(watch), 보호하는(protect) 것이다. 지키고 보호하라니까 주인을 위해 보초를 서는 노비를 떠올리겠지만, 뒤에 보면 하나님께서 인간(야곱)을 위해 '샤마르'(지킨다)를 약속하는 내용이 나온다.

즉, 하나님 자신은 하지 않는 궂은일을 아담에게 시킨 게 아니란 얘기다. 하나님은 주무시고 대신 아담이 보초 서는 그런 일은 에덴에 없었다.

그럼 하나님은 아담에게 무엇을 지키라고 하신 것일까?
교활한 뱀에게서 여자를 지키라는 것인가? 뱀이 에덴에 침입하는 걸 막아내라는 것인가?

하나님이 아담에게 지키라(샤마르)고 하신 것은 에덴동산이었다.
선악과 명령에 대한 하나님의 의도를 의심하고 선악과를 먹음으로 에덴을 영원히 떠날 수밖에 없던 아담을 생각해보면 하나님이 에덴을 지키라고 하신 말의 뜻은 '에덴에서 살 자격을 지키라'는 것이었다는 생각이 든다.

아담은 '에덴을 물리적으로 지키는 것'에 실패한 것이 아니라 '에덴에서 살 자격'을 지키는 일에 실패했던 것이다. 에덴을 지키기 위해서는 자기 마음부터 지켰어야 했다. 하나님을 의심하는 마음이 그를 에덴에서 살지 못하게 만든 것이다.

성경에서 하나님으로부터 직접 지키라는 위임을 받은 경우는 아담과 아브라함뿐이다. 아담에게는 에덴을, 아브라함에게는 할례언약을 지키라고 하나님이 직접 명령하셨지만 야곱의 경우엔 직접 하지는 않았다.

다만 야곱은 자신의 밀린 임금을 받기 위해 외삼촌의 양을 지켰는데, 나중에 야곱은 이 일에 하나님이 개입하셨다고 밝힘으로써 품삯 때문에 양을 지킨 것이 하나님의 뜻이었음을 알려준다.

이는 우리가 일을 하고 돈을 벌고 그 돈으로 가족의 생계를 유지시키는 것은 하나님의 뜻이며 하나님으로부터 위임 받은 '지키는 일'임을 알 수 있다.

군인 vs 농사꾼

만일 군인에게 땅을 지키라고 한다면 적군으로부터 땅을 보호하라는 뜻일 것이다. 하지만 농사꾼에게 땅을 지키라고 한다면 그 땅에서 농사지으며 계속 살라는 뜻일 것이다. 하나님은 어떤 의미로 에덴동산을 지키라고 하신 것일까? 하나님은 아담을 군인으로 생각하셨을까? 농사꾼으로 생각하셨을까?

지키다(샤마르)는 주의하여 지키고(watch), 보호하라(protect)는 뜻이다.

샤마르(지키고 보호하라)라는 단어만 보면 하나님은 아담을 농사꾼보다는 군인으로 생각하셨다는 생각이 든다.

하지만 앞에 나온 "다스리라"는 단어를 보면 아담은 분명 농사꾼이다. 다스리다로 번역된 '아바드'는 땅을 경작하고 노동하는 것을 말하기 때문이다. 아담은 두 가지를 동시에 해야 했던 걸까? 낮엔 농사를 짓고 밤엔 군인처럼 보초를 섰나?

에덴은 여호와께서 사시는 장소라는 뜻으로 여호와의 동산으로 불린 곳이다. 에덴은 적들과 대치하는 위험한 전시상태가 아니었다. 하나님의 동산을 감히 침입할 자는 없다. 물론 아담은 교활한 뱀으로부터 아내를 지켜야 했지만 뱀은 아담이 에덴을 떠나게 할 만한 위협적인 존재는 아니었다. 에덴에 뱀이 들어오지 못하도록 밤새도록 보초를 설 필요도 없었다. 에덴을 떠날 마음이 없다면 아담은 선악과를 가만 놔두면 될 일이었다.

무엇을 지켜야 하는가?

아담이 에덴을 지키느냐 마느냐는 하나님과 한 언약을 지키느냐 아니냐에 달린 것이지 뱀에게 달린 것이 아니었다. 아담이 선악과만 먹지 않았다면 에덴에 수백 마리의 뱀이 있다고 해도 문제될 게 없었다.

아담은 능력이 부족해서 에덴을 지키는 것에 '실패'한 것이 아니라 에덴 지키기를 '스스로 포기'했던 것이다. 유혹을 받았든 어쨌든 아담의 마음이 먼저 하나님 앞(에덴)을 떠난 것이다.

> "모든 지킬 만한 것 중에 더욱 네 마음을 지키라 생명의 근원이 이에서 남이니라"(잠 4:23).

마음은 믿음이 거하는 곳이다. 마음을 지키지 못하면 아담처럼 하나님 앞에서 살 자격을 잃고 쫓겨난다.

사탄은 지금도 자기 대리인을 통해 사람들이 하나님 앞에서 살 자격을 뺏으려 미혹한다. 하나님을 의심하도록 미혹하는 사탄의 공격은 지금도 계속된다. 그러나 그들의 공격이 아무리 집요해도 우리가 마음만 지킬 수 있다면 하나님 앞에서 계속 살 수 있다.

사탄은 우리의 안전망은 스스로 망가뜨리는 수밖에 없다는 것을 잘 알고 있다. 그래서 스스로 안전망을 뚫어 버리게 속이려는 것이다. 그러므로 우리는 우리의 마음을 지키고 보호해야 한다.

아담은 에덴을 지키는 일에 실패했지만 두 번째 아담인 예수 그리스도는 하나님이 위임한 일을 지키셨다. 예수 그리스도를 의지한다면 그분은 우리가 마음을 지키는 일에 성공하게 하실 것이다.

Chapter

11

인간의 노동은 저주일까?

　요즘은 직장을 얻기도 힘들지만 직장을 얻는다고 해도 일이 만만치가 않다. 그래서 그렇게 원했던 직장이건만 월요일이면 어김없이 출근하기가 싫다. 그럴 때마다 인간의 노동은 하나님이 내린 저주가 확실하다는 생각을 한다.

　아담만 아니었어도 우리는 놀고먹으며 살 수 있지 않을까? 몇 번을 대답해줘도 반복하는 우리 아들의 질문이기도 하다. 아마 독자들의 집에도 이런 질문을 하는 아이 한두 명쯤은 있을 것이다.

　그런데 성경은 노동이 인간의 타락 이전부터 있었다고 기록하고 있다. 이렇게 힘든 노동이 타락 이전에도 있었다고? 그렇다. 인간이 먹고 살기가 힘들게 된 건 노동과는 다른 문제니까 저주 파트에서 말하기로 하고 여기서는 인간의 노동이 저주가 아니란 사실만 증명하기로 하자.

"여호와 하나님이 그 사람을 이끌어 에덴 동산에 두사 그것을 다스리며 (아바드) 지키게(샤마르) 하시고"(창 2:15, 개역한글).

위 본문은 인간이 선악과를 먹기 전이다. 아담이 에덴의 흙으로 빚어지고 태어난 뒤 하나님이 곧바로 맡기신 일이 바로 다스리는 일 즉, 노동(work)이었다.

다스리다(아바드, עבד)를 왜 노동으로 번역했을까?

우리는 '다스린다'는 말이 주는 뉘앙스 때문에 다스림을 왕이나 대통령의 통치행위 같은 화이트칼라의 머리 쓰는 일로 생각하지만, 다스리다로 번역된 '아바드'(עבד)는 'work'(노동, 섬김, 경작)의 뜻이기 때문에 블루칼라의 육체노동에 가깝다. 종이라는 뜻의 에베드(עבד)의 어원이 아바드(עבד)라는 사실도 이를 뒷받침한다.

그렇다고 하나님이 막 태어난 아담에게 막노동을 시켰다는 뜻은 아니다. 아담의 노동(다스림)은 머리도 쓰고 몸도 쓰는 일이지 어느 한쪽으로 치우친 일은 아니었다. 하나님은 친히 자기 백성의 이름을 바꿔주기도 하셨는데(아브라함, 사라, 이스라엘 등) 이런 일은 다스림(노동)이 무엇인지를 보여주는 일례다. 이름 짓는 일이 머리로 하는 일이지 몸으로 하는 일은 아니지 않는가?

아담은 하나님 대신 (동물과 여자) 이름도 지었고, 에덴을 경작하고 돌보는 일들도 했는데, 이것을 모두 통칭해서 다스리는 일(노동)이라고 부른 것이다. 그러니까 태초의 다스림(노동)은 하나님이 위임한 모든 일을 하는 것이지, 하기 싫고 힘든 고된 노동을 의미하는 게 아니었다는 얘기다.

> 태초의 다스림(노동)은 하나님이 위임한
> 모든 일을 하는 것을 말한다.

하나님의 형상을 가진 인간의 노동

에덴에서 아담이 노동을 했다는 것은 하나님은 자기 형상을 가진 인간을 당신의 애완동물처럼 살게 하신 게 아니라 하나님의 일을 대신하는 존재로 살게 하셨다는 것이다. 이는 대단히 영광스러운 일이다.

원래 에덴을 다스리는 일은 하나님이 하시는 일인데 이런 일을 아담에게 위임하셨다는 것은 하나님이 자신이 거하는 땅(에덴)에 대한 전권을 내어 줄 만큼 아담을 믿었다는 뜻이고, 인간을 이름뿐인 대리인이 아니라 실권을 가진 대리인으로 삼았다는 뜻도 된다.

하나님은 아담(인류의 대표자로서의 아담)을 뭘 믿고 자기의 전권을 위임하셨을까? 아담이 하나님의 전권을 위임받을 수 있었던 이유는 아담이 가진 하나님의 형상 때문이었다. 하나님의 형상이 뭐길래?

하나님의 형상이란 간단히 말해 하나님과 같은 생각을 하고, 같은 행동을 하는 것을 말한다. 지금의 우리는 하나님과 같은 생각을 하고, 같은 행동을 하는 것이 얼마나 어려운 것인지 잘 안다. 아니 사실상 불가능하다. 하나님의 뜻을 안다고 해도 부분적으로만 순종하는 우리로서는 상상도 못할 일이다.

우리는 하나님의 형상이 훼손되었기 때문에 부활하지 않는 이상 하나님의 뜻에 100% 순종할 수 없다. 만일 누군가 하나님의 뜻에 100% 순종한다면 그는 하나님의 형상이 훼손되지 않은 사람일 것이다. 인류 역사상 이런 사람은 단 한 사람 예수 그리스도밖에 없었다. 이분을 제외한 인간은 누구도 예외 없이 하나님의 훼손된 형상을 갖고 태어난다.

어쨌든 하나님은 그 대단한 자신의 형상을 인류의 대표인 아담에게 조건 없이 주셨고 이 때문에 아담은 하나님을 대신해서 하나님의 일을 충분히 대신할 수가 있었던 것이다.

어떻게 하는 게 잘 다스리는 것일까?

'아담이 에덴을 다스린다'는 뜻은 아담이 하나님의 대리인으로서 에덴에서 하나님의 명령을 수행하고, 하나님이 계획하신 일을 대신 추진하는 모든 활동을 의미한다. 즉, 하나님의 뜻에 에덴이 부합하도록 만들어 가는 모든 행위가 아담의 다스림(노동)이었던 것이다.

만일 아담이 하나님의 뜻을 반영하여 에덴을 제대로 다스린다면, 에덴의 모든 창조물들은 하나님이 주신 복대로 번성하고 생육하며 하나님 보시기에 좋은 상태가 되었을 것이다.

우리도 하나님의 뜻대로 세상을 잘 다스릴 수 있을까?
우리는 이 일을 예수 그리스도를 통해서만 잘 할 수 있다. 성령의 조명 아래서 하나님의 뜻이 무엇인지 분별하고, 예수 그리스도를 믿고 따르고 그분을 본받음으로 세상을 잘 다스릴 수 있다. 그러나 부활 전까지는 완벽하게 잘 할 수 없다.

다스리다(아바드 עבד)는 노동, 섬김, 경작이란 뜻이다.

다스림이 예배가 되게 하라

'다스리다'(아바드)는 나중에 예배(worship)의 뜻으로 발전된다.
오늘날에는 예배의 뜻이 '형식을 갖춘 경배 의식'으로 축소되었지만 예배의 어원이었던 아바드를 따라 예배를 정의하면 예배란 '하나님의 형상을 가진 자가 하나님을 위해 하나님 앞에서 하는 모든 일'이 된다.
우리는 아직 하나님의 형상이 온전히 회복되지 못했기 때문에 하나님을 직접 예배할 수가 없다. 우리는 오직 하나님의 온전한 형상을 가지신 예수 그리스도와 연합되어야만 하나님이 받으시는 온전한 예배가 가능하다.

따라서 이 땅에서 하나님이 맡긴 일(다스림)을 성공적으로 수행하려면 오직 그리스도인이 되는 길밖엔 없다. 그리스도 없이 아무리 선한 섬김(다스림)—굶주린 사람을 먹이고 벗은 사람을 입히고 갇힌 사람을 돌보는 이웃사랑 실천—을 해도 그것은 예배가 되지 못한다. 그리스도 없는 모든 다스림은 nothing(아무것도 아닌 것)일 뿐이다.

사도 바울이 우리가 드려야 할 합당한(영적) 예배를 "(우리의) 몸을 하나님이 기뻐하시는 거룩한 산 제물로 드리는" 것이라고 함도 다스림(아바드)을 염두에 둔 해석일 것이다.

결론

인간이 타락하기 전인 에덴에 노동(아바드)이 있었다는 사실은 노동이 죄의 대가로 주어진 저주가 아님을 알려준다. 에덴에서 추방당한 후부터 노동이 고통스러워졌지만 그것은 노동 자체가 저주라서가 아니라 저주받은 땅이 노동한 만큼의 열매를 맺지 않아서였다.

하나님은 인간의 다스림(노동, 섬김, 경작)이 인간은 물론 다른 피조물들까지 풍성하게 되는 통로로 설계하셨지만 죄는 인간 자신마저 풍성하지 못하고 고생하는 결과를 가져온 것이다.

따라서 놀고먹는 건물주가 부럽다고 해서, 지금 다니는 직장이 힘들다고 해서 노동이 하나님의 저주라고 생각하는 건 틀렸다. 이는 결코 성경적인 관점이 아니다.

Chapter

12

짝짓기

"여호와 하나님이 가라사대 사람의 **독처**하는 것이 좋지 못하니 내가 그를 위하여 돕는 배필을 지으리라 하시니라"(창 2:18, 개역한글)

태초에 아담은 혼자(독처) 지냈다. 에덴을 다스리고 지킬 때도 혼자였고, 선악과에 대한 명령을 받을 때도 혼자였다. 그는 혼자라는 게 불편하지 않았다. 외로움도 몰랐다. 처음부터 혼자 산 사람은 외로운 걸 모르는 법이다. 아담은 혼자가 자연스러웠던 남자였다.

성경은 아담이 혼자 있는 상태를 '바드 בד'라고 적었다. '바드'는 혼자 분리되어 있는 것을 가리킨다. '일부'라는 뜻도 있다. 둘이 함께 있는 상태가 '전부'라면 혼자는 전체 중의 '일부'라는 뜻이다.

하나님이 자신의 피조세계를 보고 좋지 않다고 하신 것은 혼자 있는 아담이 처음이었다. 왜 좋지 않다는 것일까? '생육하고 번성하는 것'은 하나님이 피조물들에게 주신 복이었다. 하나님은 자기 피조물들이 복을 누리길 바라셨다. 하지만 혼자 있는 아담으로는 생육하고 번성할 수가 없었다. 복과 편한 것은 다르다.

혼자 지내는 게 편하다는 걸 잘 아는 아담에게 짝을 지어 주려면 그전에 아담에게 짝이 필요하다는 걸 깨닫게 하는 게 필요했다. 그래서 하나님은 아담에게 에덴을 다스리는 일 외에 동물들의 이름을 짓게 하는 side job(다른 일)을 주신다. 아담은 이 일을 매우 잘했고 좋아했다. 이름 짓는 게 어찌나 즐거운지 그는 여자를 보자마자 이름부터 지어준다. 예나 지금이나 남자는 자기가 좋아하는 일에 몰입하는 데는 천재다.

짝짓기

동물의 이름을 지어주던 아담은 하나님의 의도대로 자기만 짝이 없다는 것을 발견한다. 아담은 이쪽으로는 좀 둔한 남자였던 것이다. 하나님은 이제야 때가 되었다 생각하시고 아담을 깊이 잠재웠다. 여자를 만들 때 아담이 깊이 잤다는 건 여자를 만드는 일에 아담이 전혀 개입할 수 없었다는 뜻이다.

하나님은 아담이 이름 지은 것을 그대로 동물 이름으로 사용하셨다. 하나님 뜻에 맞게 이름을 지었기 때문이다. 통찰력과 본질을 꿰뚫어 보는 데는 천재적인 아담이지만 말은 고지식하고 표현이 무뚝뚝했다.

여자가 생기자 그의 반응은 "내 살 중의 살이요, 뼈 중에 뼈로다!"라는 말이 전부였다. 이 말은 유대인 남자들이 상대방을 자기 교제권으로 인정할 때 사용하는 말로 지금도 쓰는데, 감정의 표현이 아니라 '사실의 진술'이다.

요즘은 예전과 달리 아이들에게 결혼 안 하냐고 묻지 않는다. 결혼적령기가 되었는데도 결혼을 안 하면 예전처럼 이상하게 보지도 않는다. 예전엔 그 시선이 두려워서 부모가 서둘러 짝지어 주던 풍습이 있었다. 그때도 나는 자식들의 결혼을 동물 짝짓기처럼 하는 것에 질색했다. 하나님도 스스로 깨달을 때까지 기다린 결혼을 한국 교회 교인들은 왜 그렇게 안 하는가. 다행히 요즘은 나이가 찼다는 이유로 결혼 시장에 내몰아 '손가락 발가락 숫자만 맞으면 결혼하겠다'는 항복을 받아내는 부모는 없는 것 같다. 있다 하더라도 버틸 수 있는 사회 분위기가 조성되었다.

매력

사무적이고 맛맛한 '말주변'을 가진 남자에게서 여자들은 매력을 느끼지 못한다. 남자는 여자의 화장(얼굴)에 매력을 느끼지만 여자는 남자의 화술(말주변)에 유혹 당한다는 말이 있다.

그래서 말 잘하는 남자들 주변엔 여자들이 꼬인다. 개그맨들이 예쁜 여자들과 가장 많이 결혼한다는 통계를 봐도 틀린 말은 아니다. 여자들은 잘생긴 남자보다 말 잘하는 남자에게 매력을 느끼지만 세상의 둔한 아담들은 이 사실을 모른다.

아담이 '말(언어)에 고지식한' 것은 하나님이 맡기신 일을 하기에 좋은 자질일 수 있다. 결혼이란 함께 하나님이 맡긴 일들을 이뤄가는 것이기 때문에 이것을 이루기 좋은 자질로 태어난 남자를 내 취향대로 뜯어고치는 시도는 하나님이 의도하신 성공한 결혼에 이르지 못하게 할 수도 있다.

나는 화술이 뛰어나 여자들에게 매력적으로 어필하는 남자보다는 고지식해서 말은 재미없더라도 통찰력을 가진 남자가 배필로는 훨씬 적당한 사람이라고 생각한다. 지금까지 고지식한 남자가 바람 피웠다는 소리를 들어본 적이 없다.

말이 화려하지 않은 남자를 선택하라!

뛰어난 말로 여자의 마음을 잘 훔치는 남자보다 자기 일에 열중하고 표현이 고지식한 아담의 계보에 있는 남자가 하나님이 맡긴 일들-하나님을 섬기고 하나님의 이름을 높이고 함께 복을 누리는-을 함께하는 배필로는 더 좋은 사람일 것이다.

멀리 내다볼 것

결혼을 할 때 적어도 사계절은 만나보고 결정하라는 말이 있다. 시간을 두고 관찰하라는 얘기다. 나와 맞는 사람인지 아닌지 첫눈에 알아보기는 힘들다. 운명적이고 로맨틱한 만남? 그런 건 없다. 드라마 속 판타지에 속지 말고 소개팅이든 선이든 봐라. 서두르지만 마라.

부모나 환경에 떠밀려 급하게 결혼하고 평생 후회하지 않으려면 외로운 것도 이기고 주변의 시선도 버텨내야 한다. 바울은 말했다. 자기처럼 혼자 사는 것도 나쁘지 않다고.

요즘 젊은이들이 결혼을 망설이는 건 경제적인 이유도 있지만 양육 환경이 너무 폭력적이기 때문이다. 영어유치원부터 시작해서 초등학교 때부터 경쟁에서 뒤처지지 않기 위해 학원 뺑뺑이를 하고, 끝없는 경쟁에 아이들을 처넣어야 하는 현실, 아이들 왕따도 모자라 학부모 왕따까지 각오해야 하는 폭력적인 현실이 너무 힘든 것이다. 당하는 아이도 괴롭지만 뒷바라지하는 부모도 힘들기는 마찬가지다. 이 악순환을 어떻게 끊을 수 있을까?

현실이 절망스러울 때 나는 가끔 아브라함을 생각한다.
아브라함 당시 가나안은 근동 지역에서 이주해 온 이민족들로 붐볐다. 하지만 아브라함은 달랑 아내와 조카뿐이었다. 자기를 지켜줄 최소한의 방패(친척이나 모국 사람들)도 없는 아브라함이 낯선 민족들

틈에서 얼마나 무서웠을까?

　아브라함의 결말을 아는 그리스도인이라면 해법도 알고 있으리라 생각한다.
　그렇다면 아브라함처럼 혼자서 하나님을 믿는 쪽으로 결정하기를 바란다. 우리의 자녀들에게는 좀 더 나은 세상을 물려줘야 하지 않겠나?

Chapter

13

하나님은 왜 빨리 구해주지 않을까?

힘들 때

살다 보면 힘들게 하는 사람이나 상황을 만날 때가 있다. 사람 때문에 힘든 상황이 생기기도 하고 사람과 상관없이 힘든 상황도 있다. 이럴 때 기독교인으로서 갖는 혼란이 있다. 구해달라고 기도할 것인가? 내가 변하게 해달라고 구할 것인가? 전자를 기도하자니 믿음이 없는 것 같고 후자를 구하자니 가식적인 것 같다.

이럴 때 자주 듣는 충고가 있다. "힘들게 하는 사람을 사랑할 때까지는 하나님은 구해주지 않는다"는 말이다. 더 심한 사람 만나기 전에 여기서 훈련을 끝내라는 말도 듣는다.

하나님은 힘든 상황을 인내하는 훈련을 위해 사용하시는 걸까? 하지만 출애굽기를 보면 흔히 듣는 충고가 다 맞는 건 아니란 생각을 하게 된다. 이스라엘의 자손들은 애굽의 힘든 상황을 무조건 참지 않았다.

"여러 해 후에 애굽 왕은 죽었고 이스라엘 자손은 고된 노동으로 말미암아 탄식하며 부르짖으니 **그 고된 노동으로 말미암아 부르짖는 소리**가 하나님께 상달된지라 **하나님이 그들의 고통 소리를 들으시고** 하나님이 아브라함과 이삭과 야곱에게 세운 **그의 언약을 기억하사** 하나님이 **이스라엘 자손을 돌보셨고 하나님이 그들을 기억하셨더라**"(출 2:23-25).

이스라엘 백성들이 애굽 왕의 잔인함으로부터 구해달라고 하나님께 소리쳤을 때 하나님은 그들의 고통 소리에 응답하셨다. 인내를 가르치고자 놔두거나 감사할 때까지 구해줄 수 없다고 구원을 미루지 않으셨다. 다만 아직 하나님이 계획하신 때가 안 되었기 때문에 구원을 시작하지 않으신 것일 뿐 때가 되자 모세를 시켜 구원을 시작하셨다.

그러므로 잔인한 사람과 힘든 상황에서 하나님께 구해달라고 소리치는 건 불신앙이 아니라 믿음이다. 하나님이 인내를 가르치신다고 섣불리 짐작하고 힘든 사람과 힘든 상황 속에서 금욕적인 태도로 살아갈 필요는 없다.

히브리인은 왜 모세의 도움을 거부했나?

영국 사람이 미국에서 400년을 살았다면 그 후손들은 이미 미국 사람이고, 임진왜란 때 일본으로 끌려간 조선인들의 후손은 이미 일본인이다. 마찬가지로 애굽에서 400년을 살았다면 그들은 이미 애굽인이다.

이스라엘 자손이 혈통적으로 애굽인들과 섞이지 않았다 해도 400년이란 세월은 이스라엘 자손들이 자기가 애굽 사람이라는 생각을 하기에 충분한 시간이었다.

미국 이민 1.5세만 되어도 미국을 자기 나라로 여기는 것을 생각한다면 애굽에서의 400년은 이스라엘 자손들이 자기 정체성을 잃어버리기에 충분한 시간이라고 할 수 있을 것이다.

비록 왕조가 바뀌어 노예로 살고는 있지만 4대째 애굽에서 태어나고 자란 이스라엘 자손들에게 애굽은 고향이었다. 그들은 애굽의 문화가 익숙하고 편한 사람들이었다. 이는 훗날 광야에서 그들이 애굽의 음식을 그리워하며 애굽으로 돌아가고자 하는 말에서도 확인할 수 있다.

모세가 미디안으로 도망가게 된 사건의 배경도 히브리인들이 오랜 세월 애굽인들과 섞여 살면서 애굽인과 동족에 대한 구분을 하지 않았던 시대적 배경에서 벌어진 일이었다.

"이튿날 다시 나가니 두 히브리 사람이 서로 싸우는지라 그 잘못한 사람에게 이르되 네가 어찌하여 동포를 치느냐 하매 그가 이르되 누가 너를 우리를 다스리는 자와 재판관으로 삼았느냐 네가 애굽 사람을 죽인 것처럼 나도 죽이려느냐 모세가 두려워하여 이르되 일이 탄로되었도다"(출 2:13-14).

400년 가까이 애굽에 산 이스라엘 자손들은 히브리인이든 애굽인이든 자기에게 피해를 주면 원수이고 이롭게 하면 같은 편이라는 생각만 있을 뿐 '동족'이란 개념은 사라지고 없었다. 모세는 이런 사람들을 도우려다 살인까지 했지만 동족 개념이 사라지고 없는 사람들은 모세의 도움을 달가워하지 않았던 것이다.

힘들게 한 결과

이스라엘 자손이 애굽에 온 지 400년이 가까워 올 즈음의 애굽은 요셉이 총리를 했던 왕조는 무너지고 새로운 왕조가 들어섰을 때이다. 애굽에 사는 이스라엘 자손들의 수는 매우 많아졌는데 애굽의 새 왕조의 왕은 이들이 혹시 침략자(다른 왕조)에 협조할까 두려워 이스라엘 자손들을 힘든 노동(국고성인 비돔과 라암셋 건축)으로 괴롭히기 시작했다. 힘들면 딴 생각을 못하리라 생각한 것이다.

국고성(미쓰케나)은 '저장 창고'라는 뜻으로 훗날 솔로몬과 히스기야, 여호사밧왕도 국고성(미쓰케나)을 건축했었다. 국고성을 건축한 왕들의 공통점은 건축 당시 강한 군주였다는 사실이다. 국고성은 강력한 리더십을 가진 왕이 전쟁을 위해 할 수 있는 건축이었던 것이다. 애굽 왕이 국고성을 건축게 했다는 것은 바로 왕이 역사적으로 누구였든지 간에―역사적으로 증명할 필요가 없다는 의미―매우 호전적이고 강력한 군주였다는 사실을 알려준다.

출애굽기에서 이스라엘 자손에 대한 애굽 왕의 괴롭힘은 국고성을 건축하는 고된 노동으로 시작되었다. 출애굽기 1장 14절(개역한글)의 "고역"(苦役)에서 '고된'(苦)은 히브리어로 '카쉐'다. '카쉐 קשה'는 '잔인한, 완고한, 목이 곧은, 힘든'이란 뜻인데 구약에 21번 나온다. 사람 사이에 '카쉐'라는 단어가 사용될 때마다 사람들은 헤어졌다.

라헬이 베냐민을 낳는 산고를 심하게(카쉐) 겪다가 죽어 야곱과 영원히 헤어졌고(창 35:17), 이스라엘 백성에게 고역(카쉐)을 가볍게 해주지 않은 르호보암 왕 때문에 이스라엘과 유대가 서로 갈라섰다.
출애굽기에서도 마찬가지다. 맨 처음 이스라엘 자손을 힘들게(카쉐) 했던 애굽 왕은 죽음으로 이스라엘 후손과 헤어졌고, 두 번째 힘들게(카쉐) 했던 애굽 왕은 이스라엘이 출애굽함으로 헤어졌다(출 7:3).

출애굽기 1장에서 이스라엘 민족은 국고성 건축이 힘들긴(카쉐) 했지만 아직 하나님께 부르짖지는 않았다. 이 당시 바로는 히브리 산파를 불러 히브리 사내아이를 몰래 죽이라는 명령을 하기도 했는데 이때만 해도 히브리인에 대한 핍박은 노골적이기보다 은근했다.

모세가 태어날 즈음에 시작된 히브리인들에 대한 핍박은 모세가 미디안으로 쫓겨 갈 시점에는 극에 달했다. 바로의 '잔인함'(카쉐)은 히브리인들이 하나님께 구원을 탄원하는 계기가 되었다.

"여러 해 후에 애굽 왕은 죽었고 이스라엘 자손은 고된 노동으로 말미암아 탄식하며 부르짖으니 그 **고된 노동으로 말미암아 부르짖는 소리가 하나님께 상달된지라** 하나님이 그들의 **고통 소리를 들으시고** 하나님이 아브라함과 이삭과 야곱에게 세운 그의 **언약을 기억하사 하나님이 이스라엘 자손을 돌보셨고 하나님이 그들을 기억하셨더라**"(출 2:23-25).

하나님은 왜 뜸을 들이시나?

애굽의 히브리인들이 정체성을 깨달은 사건은 애굽의 학대였다. 애굽의 학대는 히브리인들이 자기 나라가 애굽이 아니라는 사실을 분명히 아는 계기가 되었을 뿐만 아니라 자기들이 언약에 근거해서 하나님께 구원을 요청할 권리가 있음을 깨닫는 계기가 되었다. 그들은 자기들을 괴롭게 하는 삶의 현장에서 하나님께 부르짖기 시작했다. 하지만 하나님은 곧바로 구해주지 않았다.

우리는 괴로운 상황이나 힘든 사람을 만나면 당장 그 사람으로부터 벗어나고자 하나님께 탄원한다. 그런데 하나님은 빨리 구해주시지 않는다. 우리는 빨리 구해주지 않는 하나님을 원망하기도 한다.

전능하신 하나님이 뭐가 부족해서 빨리 구해주시지 않고 뜸을 들이시는지 이해할 수가 없다.

하나님은 이스라엘 자손들의 고통스러운 상황을 알면서도 길게는 80년(모세가 태어나던 시기부터 계산하면), 짧게는 40년(모세의 망명부터 계산하면)을 끌었다. 하나님은 벽돌 문제로 들볶는 애굽의 상관 때문에 숨이 넘어갈듯한 탄원 소리를 듣고 그제야 미디안 광야에서 장인의 양을 치던 모세를 부르셨다. 그것도 잘 준비된 모세가 아니라 절대 못 간다고 버티는 모세를 부르셨다.

그렇다. 우리가 일상에서 경험하는 하나님은 성경에 나타난 하나님과 다르지 않다. 모세를 대리인으로 쓰실 거면 진즉에 부르셔서 준비시키고 백성들이 고통스러워하기 전에 보내실 일이지 왜 준비도 안 된 모세를 부르신단 말인가?

40년 전에 모세가 히브리인들을 도우려 했을 때 아직 때가 되지 않았으니 잘 준비하고 있으라고 그때 말씀 좀 해주시지, 40년 동안 침묵하시다가 모세가 믿음이 다 떨어져서 절대 못 간다고 할 지경이 되어서야 부르신 걸까?

지금 이스라엘 자손들은 숨넘어가게 생겼는데 하나님은 왜 이리도 느리게 준비하시는 걸까? 원래 시간이 많은 분이라서 그런 걸까? 우리는 길어야 80년이지만 영원하신 하나님은 남는 게 시간이라서 시간에 구애받지 않기 때문에 그러시는 것일까? 성질 급한 사람은 하나님의 도움을 기다리다 숨넘어갈 것 같다.

하나님의 초점

우리가 삶 속에서 경험한 하나님을 잘 생각해보면 하나님의 초점은 우리를 힘든 상황에서 건지는 데 있는 건 아닌 것 같다. 그럼 하나님의 초점은 무엇일까? 사람들의 말대로 인내심을 기르는 훈련을 하시는 건가?

하지만 인내는 종교인의 표지는 될 수 있어도 기독교인의 표지(sign)는 아니다. 기독교와 상관없이 잘 참는 사람도 많기 때문이다. 복수를 위해 잘 참는 사람도 있고 원하는 것을 얻기 위해 참는 사람도 많다. 신념이 강한 사람은 믿음과 상관없이 잘 참는다. 간디가 믿음 때문에 탁월한 인내심을 보인 건 아니다. 하나님이 우리를 잘 참는 종교인으로 만들고자 하실 리는 없다.

만일 하나님이 일부러 천천히 일하시는 경우가 있다면 그것은 우리의 인내심을 키우려는 목적이 아니라 어떤 상황에서든 하나님을 잘 믿게 하려는 목적 때문일 것이다. 믿음 없이는 (하나님의 형상도, 영생도) 아무것도 회복할 수 없기 때문이다.

선악과 사건 이후 태어난 모든 인간은 하나님을 믿지 못하는 상태로 태어나기 때문에 인간의 우선순위에서 '믿음'보다 급한 것은 없다. 하나님은 어떤 상황이든 믿음을 결부시켜 믿음을 가르칠 수밖에 없다.

우리는 늘 새로운 상황 속에서 믿음에 관해 하나님의 레슨을 받게 된다. 하나님의 레슨은 어떤 상황에서든 우리가 하나님의 사랑을 믿고 기도하는 가운데 우리를 위해 좋은 계획을 가진 하나님을 믿게 만드는 것이다.

사실 우리 눈에 더디게 보일 뿐이지 실제로 하나님이 느리게 일하시는 것도 아니다.

하나님은 제대로 일하고 계시지만 우리의 초점이
하나님과 다르기 때문에 상대적으로 느리게 보이는 것뿐이다.

일하시는 하나님

하나님은 남자 장정만 60만인 이스라엘 후손들을 구하기 전에 미디안 광야의 모세부터 추스르기 시작하셨다. 모세는 미디안 40년 동안 믿음을 잃고 살고 있었다. 미디안 광야에서 자기는 '하나님으로부터 쫓겨난 자'라는 정체성을 갖고 아들 이름까지 '게르솜'(어원: 영원히 쫓겨난 자)이라고 짓고 사는 모세부터 찾아가신 것이다.

모세만 믿음에 문제가 있었던 것은 아니었다. 애굽에서 나고 자란 이스라엘 후손들도 사정은 비슷했다. 이들의 이런 사정 때문에 하나님은 출애굽 시킬 때도 당장 출애굽 시키지 못하고 10재앙을 애굽에 내려 애굽인들이 섬기는 신들-10재앙은 대부분 애굽인들이 섬기는 신들이었다. 그들은 나일강과 태양, 곤충과 개구리, 황소와 바로 왕 등 자신들을 잘 살게 만들어 주는 것이라면 뭐든지 신으로 섬겼다-보다 하나님이 위대한 신이라는 것부터 가르쳐야 했다.

애굽에 내린 재앙들은 출애굽의 목적만 있는 것이 아니라 하나님이 어떤 분인지 가르치는 수단이기도 했다. 하나님은 10가지 재앙이라는 스펙터클한 시청각교육을 통해 이스라엘 자손뿐 아니라 애굽인들에게도 하나님이 누구신지를 분명히 가르치셨다.

자기들의 조상 아브라함과 언약하신 하나님으로만 알고 있던 애굽의 이스라엘 자손들은 하나님에 대한 새로운 지식을 알게 되었다. 이스라엘 12지파가 애굽인들이 섬기는 수많은 신들에 둘러싸여 오래 산 것을 염두에 두셨던 하나님은 그들 정신에 밴 애굽 신의 냄새를 빼고자 10재앙으로 가르친 것이다.

10재앙 중에서 장자 재앙을 제외하고는 애굽인들이 아무도 죽지 않았다는 것은 10재앙의 목적이 애굽인들에 대한 하나님의 징벌이 아니라 하나님이 어떤 분인지를 가르치는 것임을 분명히 한다.

이스라엘 자손들이 애굽의 학대에 당장은 아브라함의 언약밖에 기댈 곳이 없어서 하나님께 부르짖었지만 조금 나아지면 그들이 익숙했던 애굽 신에게 돌아갈 수 있기 때문에 하나님은 10재앙으로 하나님이 애굽 신보다 강한 분임을 가르칠 필요가 있었다.

이는 우리도 마찬가지다. 힘들 땐 하나님께 구해달라고 기도하다가 조금 나아지면 날 편하게 해주는 것에 하나님의 자리를 내어주지 않던가?

하나님은 힘든 사람과 상황에서 우리를 건져주길 원하시고 사실 건져주신다. 하지만 그 건져주심은 항상 믿음을 가르치기 위한 도구일 뿐이다. 하나님이 항상 우리의 믿음을 위해 일하신다는 사실을 알고 나면 하나님이 너무 느리다는 원망 대신 자기 믿음을 점검하게 될 것이다.

인내보다 중요한 것

하나님은 '힘든(카쉐) 사람과 상황'을 하나님에 대한 믿음을 키울 도구로 사용하지만 그렇다고 하나님이 우리를 힘든 상황에 처박아 두고 잘 견디는지 아닌지 지켜보는 것은 아니다. 간디처럼 참아야 구원받는 게 아니다.

그러므로 힘든 상황 속에서 우리가 배워야 하는 것은 금욕적인 인내가 아니라 믿음이다.

우리는 힘들 때 얼마든지 하나님께 구원을 부르짖을 수 있다. 우리가 하나님의 구원 받을 권리를 가진 언약 백성이라는 것을 명확히 아는 것이 인내보다 중요하다.

우리가 어떤 존재인지 분명히 아는 것은 우리를 두려움이 아닌 자신감으로 부르짖게 한다. 믿음이 있으면 "빨리요"라는 말 대신 "제가 하나님을 믿습니다"라는 말을 할 수 있게 된다.

Chapter

14

히브리인

"도망한 자가 와서 **히브리 사람** 아브람에게 알리니 그때에 아브람이 아모리 족속 마므레의 상수리 수풀 근처에 거하였더라"(창 14:13).

'히브리인'이라는 말이 성경에 처음 등장하는 본문이다. 히브리는 '이브리' 앞에 정관사 하(ה)가 붙어서 '히브리'로 발음된 것이다. '히브리'나 '이브리 עִבְרִי'는 모두 에벨의 자손을 의미한다.

에벨은 누구인가

히브리인의 조상으로 불린 에벨은 셈의 증손이고 셀라의 아들인데 이 에벨 때문에 아브람이 에벨의 자손이란 뜻으로 히브리인으로 불리게 된다.

　그런데 왜 족보의 시조인 '셈'의 자손이라고 부르지 않고 족보 중간에 있는 '에벨의 자손'이라고 했을까?

'히브리인'이란 에벨의 자손이란 뜻이다.

　성경은 "에벨은 두 아들을 낳고 하나의 이름을 벨렉이라 하였으니 그 때에 세상이 나뉘었음이요"(창 10:25)라고 기록했다. 세상이 나뉘었다는 것은 바벨탑 사건으로 셈 족의 나라가 나뉜 것을 말한다.
　에벨의 아들인 벨렉과 욕단은 땅을 둘로 나누어 아라비아 남쪽, 지금의 서남아시아 지역(요르단, 시리아, 이라크 접경지대)인 메소포타미아 지역에 흩어져 살았다. 에벨은 '에블라'라는 정통 셈 족의 나라를 세웠으나 바벨탑 사건 이후 나라가 둘로 나뉘어져 '벨렉'과 '욕단'이 나뉘 가졌고, 이때 수메르인의 침공을 받은 것으로 추정된다. 욕단 때 에블라 국민들(히브리인)이 메소포타미아로 포로로 끌려갔기 때문에 메소포타미아에 살던 셈의 후손들을 히브리인(에벨의 자손)으로 불렀던 것이다.

뉘앙스

　히브리인을 히브리인으로 부른 것은 문제될 게 없다. 그러나 뉘앙스가 문제다. 아브람이 자기 고향(하란)에서는 히브리인으로 불릴 이유도 없지만 그렇게 부른다고 해도 이상할 건 없다. 하지만 가나안 땅에서 히브리인으로 불릴 때의 의미는 '가나안 땅의 이방인', '남의 땅에 와서 사는 사람'이란 뜻이 된다.

마치 일본에 사는 한국 사람들을 일본 사람들이 조센징이라 부르는 것과 같다. 조센징이란 뉘앙스는 비하의 뜻도 있지만 왜 조선 사람이 남의 나라에 와서 사냐는 뜻이 들어 있는 것이다.

마찬가지로 아브람을 히브리인, 에벨의 자손이라 부른 이면에는 '나라도 없는 사람이 왜 가나안에 와서 사느냐'인 것이다. 아브람은 믿음 때문에 가나안의 이방인으로 살아야 했고, 가나안 사람들은 경계하는 뜻으로 아브람을 히브리인(에벨의 자손)으로 불렀던 것이다.

톨레도트(족보)

'셈의 족보'는 노아의 홍수 이후 구원의 계보를 잇는 후손들의 이름이라는 점에서 매우 중요하다. 아브람이 '셈의 족보'에 이름이 있는 사람이었다는 것은 아브람이 하나님의 계획 없이 무작위로 선택된 게 아니라는 사실을 알려준다.

아브람이 노아 홍수 이후 새롭게 시작된 구원의 계보를 잇는 셈의 족보에 있는 자였음을 밝힘으로써, 여자의 후손을 통한 하나님의 구원은 아브람을 통해 계속 이어 간다는 것을 알려준다.

셈부터 시작된 창세기 11장의 족보(톨레도트)는 데라의 죽음으로 끝이 난다. 그리고 데라의 장자였던 아브람이 하나님의 부르심을 받는 것으로 창세기 12장이 시작된다.

그러나 데라는 205세에 죽었다. 아브람과 데라는 70세 차이기 때문에 75세인 아브람이 집을 떠날 때 데라는 145세로 살아있었다는 얘기다. 하지만 창세기의 저자가 데라의 죽음을 11장의 마지막에 배치한 이유는 창세기 12장부터 새로운 구원의 역사는 아버지 데라와의 단절부터 시작되었음을 보여주려는 의도인 것이다.

데라는 아브람이 가나안으로 떠난 후에도 60년을 더 살았다. 하란을 떠난 후 한 번도 고향을 찾지 않았던 아브라함은-그는 기근이 들었을 때도 애굽으로 갔지 하란으로 돌아가지 않았다.-며느리를 얻으러 하란으로 가야 할 때조차 종을 보낸다. 이때 아브라함 나이는 140세였는데 하란까지 못 갈 만큼 늙은 나이는 아니었다.

하지만 종을 보낸 이유는 하나님과의 약속 때문이었다. 아브라함은 하나님과의 약속에 그만큼 철저했다. 아브라함의 종이 하란에 도착했을 때 아버지 데라는 5년 전에 죽었고 데라의 집은 장자였던 아브람 대신 나홀이 물려받아 나홀의 성이 되어 있었다.

'히브리인'은 이브리(עִבְרִי) 즉 '에벨의 자손'이란 뜻이다.
'이브리'(עִבְרִי) 앞에 정관사 하(ה)가 붙어서 '히브리'로 발음된 것이다.

하나님이 셈의 족보에 있던 아브라함을 미리 계획하셨던 것처럼 신약에는 예수님의 구원계획을 보여주는 사건이 등장한다(요 4장).

예수님은 유대에서 갈릴리로 돌아가는 길에 유대인들은 잘 지나다니지 않는 사마리아를 일부러 통과하기로 하셨다. 사마리아 수가 성에 만나야 할 사람이 있었기 때문이었다.

예수님은 새벽부터 걷기 시작해 광야를 전속력으로 걸어 수가 성에 도착하셨다. 예수님이 만나야 할 사람이 낮 12시에만 수가 성 우물가에 나타나기 때문이다. 만일 힘들다고 천천히 걷는다든가 중간에 쉰다면 이 여인을 놓칠 수도 있다.

그래서 예수님은 탈진돼 우물가에 털썩 주저앉을망정 여인의 시간에 맞추려고 전속력으로 걸으셨다. 여인에게 물을 좀 달라고 한 것은 말을 걸려는 목적이 아니라 진짜 갈증이 심했기 때문이었다.

이 사건은 주님의 구원계획은 처음 그대로 집행되며 중간에 조금도 바꾸지 않는다는 것을 보여준다. 주님은 자신의 편리와 일정에 맞게 구원 스케줄을 조정하거나 수가 성 여인의 물 긷는 시간을 바꾸기 위해 기상 이변을 일으키지 않으셨다. 여인의 패턴에 주님을 맞추셨고 만나려는 계획을 조금도 수정하지 않으셨다. 그리고 전력을 다해 달리셨다.

우리를 위한 구원계획도 마찬가지다. 아브라함을 봐도 그렇고 이름 없는 수가 성 여인을 봐도 그렇고 우리의 구원은 어쩌다 얻어걸린 게 아니다. 우리의 구원에는 주님의 땀 냄새가 배어 있다.

2부

미크레

말씀 묵상

Chapter 15

복 있는 자

시편 제1편

1 복 있는 사람은 악인들의 꾀를 따르지 아니하며 죄인들의 길에 서지 아니하며 오만한 자들의 자리에 앉지 아니하고
2 오직 여호와의 율법을 즐거워하여 그의 율법을 주야로 묵상하는도다
3 그는 시냇가에 심은 나무가 철을 따라 열매를 맺으며 그 잎사귀가 마르지 아니함 같으니 그가 하는 모든 일이 다 형통하리로다
4 악인들은 그렇지 아니함이여 오직 바람에 나는 겨와 같도다
5 그러므로 악인들은 심판을 견디지 못하며 죄인들이 의인들의 모임에 들지 못하리로다
6 무릇 의인들의 길은 여호와께서 인정하시나 악인들의 길은 망하리로다

시편 1편은 복 있는 사람이 되는 방법을 알려준다.

복이라고 할 때 대부분의 사람들은 아브라함의 복(베라카)을 떠올린다. 베라카는 '번성'과 '번영'이란 뜻이다. 순종할 때 받는 신명기의 복(베라카)도 번성, 늘어나는 것을 말하기 때문에 교인들 머릿속엔 '성경적 복=번영'이란 공식이 있다.

그런데 시편 1편의 복은 베라카가 아니라 '에쉐르 אשר'이다. 에쉐르는 '똑바로 가다, 옳다, 행복'이란 뜻이다. 시편 32편 1절에도 "허물의 사함을 받고 자신의 죄가 가려진 자는 복(에쉐르)이 있도다"라는 내용이 나오는데, 이 복도 시편 1편과 같은 복(에쉐르)으로 심판을 피하는 복을 말한다. 신명기에도 에쉐르가 딱 한 군데 나오기는 한다.

> "이스라엘이여 너는 행복한(에쉐르) 사람이로다 여호와의 구원을 너같이 얻은 백성이 누구냐 그는 너를 돕는 방패시요 네 영광의 칼이시로다 네 대적이 네게 복종하리니 네가 그들의 높은 곳을 밟으리로다"
> (신 33:29).

그럼 시편에는 번영을 뜻하는 복(베라카)은 하나도 없나? 아니다. 나오기는 한다. 그런데 에쉐르(25회)에 비해 훨씬 적게 9회만 나온다.

에쉐르와 베라카가 동시에 나오는 시편도 있다. 시편 84편인데 내용은 다음과 같다.

고라 자손의 시, 인도자를 따라 깃딧에 맞춘 노래
만군의 여호와여 주의 장막이 어찌 그리 사랑스러운지요

내 영혼이 여호와의 궁정을 사모하여 쇠약함이여 내 마음과 육체가 살아 계시는 하나님께 부르짖나이다

나의 왕, 나의 하나님, 만군의 여호와여 주의 제단에서 참새도 제 집을 얻고 제비도 새끼 둘 보금자리를 얻었나이다

주의 집에 사는 자들은 **복(에쉐르)**이 있나니 그들이 항상 주를 찬송하리이다 (셀라)

주께 힘을 얻고 그 마음에 시온의 대로가 있는 자는 **복(에쉐르)**이 있나이다

그들이 눈물 골짜기로 지나갈 때에 그곳에 많은 샘이 있을 것이며 이른 비가 **복(베라카)**을 채워 주나이다

그들은 힘을 얻고 더 얻어 나아가 시온에서 하나님 앞에 각기 나타나리이다

만군의 하나님 여호와여 내 기도를 들으소서 야곱의 하나님이여 귀를 기울이소서 (셀라)

우리 방패이신 하나님이여 주께서 기름 부으신 자의 얼굴을 살펴 보옵소서

주의 궁정에서의 한 날이 다른 곳에서의 천 날보다 나은즉 악인의 장막에 사는 것보다 내 하나님의 성전 문지기로 있는 것이 좋사오니

여호와 하나님은 해요 방패이시라 여호와께서 은혜와 영화를 주시며 정직하게 행하는 자에게 좋은 것을 아끼지 아니하실 것임이니이다

만군의 여호와여 주께 의지하는 자는 **복(에쉐르)**이 있나이다

이 시를 통해 알 수 있는 사실은 베라카(번영, 번성)는 하나님의 심판을 피하는 길로 가는 여정에서 잠시 누리는 것일 뿐 궁극적인 행복은 아니라는 것이다. 에쉐르와 베라카를 구분하지 않고 시편을 읽으면 시편의 복을 전부 번성과 번영으로 오해하는 일이 생긴다.

그럼 심판을 피하는 복을 어떻게 해야 얻을 수 있는가? 답은 2절에 나와 있다.

원문으로 보면 2절 맨 앞에 '왜냐하면, 때문에'라는 인과관계 접속사(כִּי)가 있다. 이걸 그대로 원문을 직역하면 '복 있는 사람은 악인의 꾀를 따르지 않고 죄인의 길에 서지 않고 오만한 자리에 앉지 않는다. **왜냐하면** 오직 여호와의 율법을 즐거워하고 주야로 묵상하기 때문이다'가 된다.

복이 있는 사람이라서 율법을 묵상하는 것이 아니라 율법을 묵상하기 때문에 심판을 피하는 복 있는 사람이 된다는 것이다. 복 있는 사람이 되는 비결이 율법에 있다는 뜻이다.

묵상하다(하가, הָגָה)는 '암송하다, 중얼거리다, 연구하다'라는 뜻인데, 율법이 좋아서 연구하고 외우고 묵상을 하다 보니 악인의 꾀도 따르지 않고 죄인의 길에 서지도 않고, 오만한 자의 자리에 앉지도 않게 되어 결과적으로 심판을 피하는 복인이 됨을 뜻한다.

철을 따라

복 있는 사람은 심판만 피하고 다른 복은 못 받는가? 그렇지 않다. 심판을 피할 뿐 아니라 하는 행사가 형통하다. 형통(짤라흐, צָלַח)은 성공, 번영이란 뜻인데, 성경에서의 형통은 승승장구가 아니라 하나님의 계획이 성공할 때 쓰는 단어다.

시냇가에 심은 나무가 철을 따라 열매를 맺고 잎사귀가 마르지 않듯이 하는 일이 형통한다고 하니까 하나님만 믿으면 부자 되고 승진하고 손대는 일마다 잘되는 것을 생각하겠지만, 여기서 중요한 것은 '철을 따라'이다.

아무리 물가에 심긴 나무라도 열매가 달리지 않고 잎이 떨어질 때(시기)가 있다. 전도서 7장 14절에는 '하나님께서 인생을 형통과 곤고를 병행하게 하셔서 사람이 장래 일을 능히 헤아려 알지 못하게 하셨다'고 했다. 하나님을 믿어도 잎이 떨어지고 열매 없는 때가 온다. 경제위기가 기독교인만 피해가지 않는다. 따라서 하나님이 우리 가족만 특별히 사랑하셔서 어려운 시기에 큰돈을 벌었다고 간증하는 사람을 추켜세우는 건 위험하다.

지금은 잎도 열매도 없지만 하나님의 선하심을 믿고 믿음으로 하루하루를 버티는 사람도 물가에 심은 나무일 수 있기 때문이다.

죽은 나무와 잎이 떨어진 산 나무의 구분은 때가 되면 알 수 있다. 죽은 나무는 아무리 시냇가에 심겼다 해도 때가 되었을 때 잎이나 열매를 내지 못한다. 하지만 시냇가에 심긴 산 나무는 죽은 나무처럼 보이다가도 해마다 잎을 내고 열매를 맺는다. 하나님의 심판을 받지 않기 때문에 영원히 죽지 않고 영원한 샘물이신 하나님 곁에서 잎이 지고 나고를 반복하며 하나님과 함께하는 것이다.

그러므로 복(에쉐르) 있는 사람이라면 하나님을 알아가는 율법을 즐거워하고 묵상을 하면서 메마른 시기를 보내면 되는 것이다. 그러니 결말도 안 보고 하나님이 함께한다 안 한다를 단정 지어서는 안 된다.

내가 시냇가에 심겨진 산 나무인지 아닌지는 오직 여호와의 말씀을 연구하고 그것을 마음의 등불로 삼는지 여부일 것이다.

악인

복 있는 사람의 반대는 악인이다. 4절부터는 악인이 받는 심판을 말한다. 심판을 피한 자가 복 있는 사람이자 의인이라면, 심판을 피하지 못하는 자가 악인이다. 강한 자가 살아남는 게 아니라 살아남는 자가 강한 자라는 말 같기도 하다.

6절에서 '그들의 길이 망한다'에서 망한다(아바드 אבד)는 길을 잃고 헤맨다는 뜻인데, 심판을 피할 길을 알지 못해 멸망하게 되는 것을 말한다.

여기서 멸망은 지옥불에 빠지는 것이 아니라 의인의 회중에 들어가지 못하는 것을 말한다. 지금으로 치면 천국 백성이 되지 못하는 것에 비유할 수 있다.

6절 맨 앞에는 왜냐하면, 때문에라는 뜻의 인과관계 접속사 키(יכ)가 있기 때문에 5절과 6절을 연결해 번역하면 내용을 이해하기 훨씬 쉬워진다. '의인들의 길은 여호와께서 인정하시나 악인들의 길은 망하기 **때문에** 악인들은 심판을 견디지 못하며 죄인들은 의인들의 모임에 들지 못한다'라는 뜻이 된다.

'율법'으로 번역된 '토라'는 보통 모세오경, 넓게는 예언서를 포함한 구약성경을 말하는데, 시편에서의 율법은 주로 신명기와 레위기를 가리킨다. 토라의 범위를 넓게 잡든 좁게 잡든 율법에는 하나님의 성품이 반영돼 있기 때문에, 율법을 즐거워한다는 것은 하나님을 알아가는 것을 기뻐하고 즐거워한다는 의미다.

인간은 아담으로부터 죄로 오염된 지정의(知情意)를 물려받았기 때문에 외부에서 하나님에 대한 올바른 지식을 얻지 않으면 인간 스스로는 하나님에 대한 올바른 지정의를 갖지 못한다. 하나님께서는 이런 인간들을 불쌍히 여기시고 하나님 자신의 성품이 계시된 율법을 주셔서 하나님이 어떤 분인지 알 수 있게 하셨다. 따라서 율법이 기뻐서 주야로 묵상한다는 것은, 율법에 계시된 하나님을 알아가는 것과 하나님의 심판을 피하고 구원을 얻는 길을 알게 되는 것을 기뻐한다는 뜻이 된다.

율법을 통해 하나님을 알아가는 것을 즐거워하지 않는 사람이 하나님의 뜻대로 할 리가 없다. 하나님의 뜻을 알지 못하니, 악인의 꾀를 따르고, 하나님과 분리된 죄인의 길에 들어서고 결국 하나님의 심판을 피하지 못하는 것이다.

오만

1절에 오만으로 번역된 '루쯔 לוץ'는 업신여기다, 조롱하다의 뜻이다.

욥기에도 이 단어가 나오는데, 욥의 불행을 본 친구들은 이 불행이 욥이 회개하지 않은 죄 때문이라고 판단했다. 그러자 욥은 친구들이 자신을 조롱한다(루쯔)고 했다(욥 16:20).

신명기 28장에 따르면 재앙은 하나님께 불순종한 죄 때문에 받는 것이지만, 욥처럼 죄와 상관없는 고난도 있다는 것을 친구들은 몰랐다. 욥기가 신명기보다 먼저 있던 일이라(욥기는 아브라함 시대로 본다) 친구들은 신명기 같은 율법은 몰랐을 것이다. 그럼에도 불구하고 욥의 친구들의 태도는 우리를 돌아보게 한다.

레위기 19장 17절에는 이웃의 죄를 반드시 견책해야 그 죄에 대해 담당하지 않는다고 돼 있다. 만일 율법이 있었다면 이 친구들은 율법을 근거로 자신의 불행을 한탄하는 욥을 비난했을 것이다. 그러나 율법이 없는 이방인은 양심이 율법을 대신하기 때문에 율법을 몰라서 욥을 비난했다고 변명할 수는 없을 것이다.

율법의 완성은 사랑이다. 아무리 하나님의 말씀으로 충고했다고 해도 불행을 당한 친구가 조롱으로 느꼈다면 사랑하는 데 실패한 것이고 하나님을 제대로 아는 것이 아니다.

욥기 42장 8절에서 하나님께서는 욥의 친구들이 '하나님에 대해 말한 것'이 정당하지 않다고 하시면서, 욥을 통해 속죄제를 드리고 욥에게 친구들의 죄를 위해 중보하라고 하신 것을 보면, 이들의 오만은 인간적인 죄가 아니라 하나님에 대한 잘못된 지식에서 비롯된 죄라는 걸 알 수 있다. 하나님에 대한 지식이 잘못되면 사람들에게 오만하게 굴게 된다는 것도 알게 된다.

율법을 통해서 알게 된 하나님을 아는 지식은 자기 죄를 돌아보고 돌이키는 데 사용해야지 불행을 당한 사람에게 휘두르면 무기가 된다.

지속되는 죄

"악인의 꾀를 좇고, 죄인의 길에 서고, 오만한 자리에 앉고"에서 '좇고, 서고, 앉고'는 전부 완료형동사라서 과거부터 지금까지 행동을 지속한다는 뜻이다. 그러니까 한두 번의 실수가 아니라 계속 하나님을 벗어나 있는 사람들을 가리킨다고 하겠다. 하지만 정말 율법(하나님의 말씀)을 즐거워하고 묵상하는 사람이라면 설령 실수로 넘어지더라도 다시 일어나 심판의 길로 가지 않는다.

다시 일어서서 옳은 길로 갈 힘은 하나님을 아는 지식에서 나온다.

구약시대에는 모세오경이 전부였지만 지금은 신구약 66권을 통해 하나님을 알 수가 있다. 그때나 지금이나 성경을 통해 하나님을 알아가는 것을 기뻐하고 연구할 때 심판을 피할 길인 예수 그리스도를 알게 되고, 그래서 심판을 받는 악인의 길에서 벗어날 수 있다.

기도

하나님의 심판을 피한 것이 얼마나 큰 복인지 날마다 기억하며 우리가 다시는 심판을 받는 악인의 길로, 하나님을 떠난 죄인의 길로 가지 않게 지켜주시고, 하나님에 대해 잘못된 지식으로 형제를 조롱하는 오만함에 빠지지 않게 하옵소서. 아멘.

Chapter 16

샬롬에 대하여

시편 4편

다윗의 시, 인도자를 따라 현악에 맞춘 노래

1 내 의의 하나님이여 내가 부를 때에 응답하소서 곤란 중에 나를 너그럽게 하셨사오니 내게 은혜를 베푸사 나의 기도를 들으소서
2 인생들아 어느 때까지 나의 영광을 바꾸어 욕되게 하며 헛된 일을 좋아하고 거짓을 구하려는가 (셀라)
3 여호와께서 자기를 위하여 경건한 자를 택하신 줄 너희가 알지어다 내가 그를 부를 때에 여호와께서 들으시리로다
4 너희는 떨며(분내며) 범죄하지 말지어다 자리에 누워 심중에 말하고 잠잠할지어다 (셀라)
5 의의 제사를 드리고 여호와를 의지할지어다

6 여러 사람의 말이 우리에게 선을 보일 자 누구뇨 하오니 여호와여 주의 얼굴을 들어 우리에게 비추소서
7 주께서 내 마음에 두신 기쁨은 그들의 곡식과 새 포도주가 풍성할 때보다 더하니이다
8 내가 평안히 눕고 자기도 하리니 나를 안전히 살게 하시는 이는 오직 여호와이시니이다

시편 4편은 3편과 하나의 시로 본다. 압살롬의 반란이 아직 해결이 안 된 상태에서 시편 3과 4편을 같이 지었다고 보면 된다.

1절에 '곤란'으로 번역된 짜르(צר)는 '좁은, 원수, 곤경'이란 뜻인데 다윗이 지금 원수로 인해 좁은 곳에 갇힌 듯 매우 곤경에 처했음을 알 수 있다.

2절에서 다윗의 영광을 모욕하고, 거짓을 구하는 자들(원수)은, 아들 압살롬과 함께하는 반란세력을 가리킨다. 그런데 아들에게 이런 꼴을 당하는 아버지라면 기도할 의욕을 잃을 것 같다. 아들을 원수라고 말하는 것도 좀 그렇다. 그런데 다윗은 조금의 주저함도 없다. 뭘까?

다윗은 오직 하나님 나라를 생각하고 있다. 하나님이 자신의 과거(순종했던 다윗)를 근거로 다윗 집안을 통해 이스라엘(하나님 나라의 모형)을 튼튼히 세우겠다는 언약(다윗언약)을 받았기 때문에 아들과의

문제보다 이 언약을 더 크게 여긴 것이다. 하나님 나라를 대적하는 자는 아들 아니라 누구라도 대적자요 원수이기 때문에 거리낌 없이 원수라고 표현한 것이다.

지금으로 치면 공과 사를 분명히 하는 목사쯤 된다고 할까? 자기 아들에게 교회 세습을 하는 목사들이 있는가 하면, 복음 전도에 방해가 될까봐 자기가 키운 교회라 할지라도 지분 타령 하지 않고 조용히 사라지는 목사 말이다. 전자의 경우, 회개한다고 하면 넘어가야 되는 걸까? 아니다. 그들은 세습을 추진하면서 회개의 '회'자도 꺼내지 않을 것이다. 만일 진심으로 회개했다면 말로 회개하는 게 아니라 교회 세습을 멈출 것이다.

한때 다윗의 책사였던 아히도벨이 압살롬의 반란에 합류한 이유를 생각해 봤다. 아히도벨은 밧세바의 할아버지다. 성군인 줄 알았던 다윗이(사실 우리야를 죽이기 전까지 다윗은 성군이었다), 자신의 손녀딸(밧세바)을 가로채고, 손주 사위이자, 충성스러운 부하인 우리야까지 죽인 것을 용서할 수 없었던 것이다.

시골 제사장으로 있을 때는 힘도 없고 기회도 없어서 포기하고 살았지만, 압살롬이 자신을 책사로 부르자 다윗을 응징할 기회로 여기고 수락한 게 아닐까 한다. 다윗이 이 내막을 모를 리 없으니, 하나님 앞에서 할 말이 없었던 것이다.

내 죄를 내가 아는데 기도가 되겠는가.

그럼에도 불구하고 다윗은 의로우신 하나님께 기도를 한다. 이래도 되는 걸까?

시편의 의로우신 하나님은 두 가지 모습으로 나타나는데, 하나는 공의로워서 불의를 절대 용납하지 못하는 의로우신 하나님이고, 다른 하나는 자기에게 피하는 모든 자를 품어주시는 의로우신 하나님이다. 다윗은 지금, 자기에게 피하는 자를 모두 품어주시는 의로우신 하나님께 기도한 것이다.

바울은 로마서 1장 17절에서 "복음에는 하나님의 의가 나타나서 믿음으로 믿음에 이르게 하나니"라고 했다. 이는 모든 죄인을 품으시는 예수 그리스도(하나님의 의)를 믿음으로 공의로운 하나님 앞에 나아갈 믿음에 이르게 된다는 해석이 가능하다.

다윗은 예수 그리스도의 실체를 정확히 알지 못했지만 죄인을 다 품어주시는 성자 하나님의 그림자를 의지하고 기도하게 된 것이다. 그래서 이렇게 기도한다.

> 여호와께서 자기를 위하여 경건한 자를 택하신 줄 너희가 알지어다
> 내가 그를 부를 때에 여호와께서 들으시리로다

'경건하다'로 번역된 '하씨드'는 '충실하다, 신앙이 깊다'는 뜻이다. 너희가 아무리 나를 비방해도 하나님은 나를 충실하다고 하시고, 신앙이 깊다고 하신다는 것이다.

밧세바 사건을 생각하면, 하나님이 그런 말을 하셨을 것 같지 않지만 다윗의 말은 틀리지 않았다. 하나님은 하나님을 위해 경건한 자를 선택한 것이기 때문이다. 다윗은 자기가 지금 경건하다는 말을 하는 게 아니라 하나님이 선택한 경건한 자(다윗언약을 받은 과거의 다윗, 예수 그리스도의 그림자)를 말하고 있는 것이다.

다윗은 여기서 그치지 않고 이렇게 말한다.

"너희는 떨며 범죄하지 말지어다 자리에 누워 심중에 말하고 잠잠할 지어다"

"잠잠하다"로 번역된 '다맘'은, 단지 말을 하지 않는다는 뜻이 아니라, 하나님의 구원을 보고 놀라서 혀가 돌처럼 굳었다는 뜻이다. 같은 단어가 출애굽기 15장 16절 모세의 노래에도 나오는데, 모세는 가나안 족속들이 홍해의 구원 소식을 듣고 혀가 굳어서 말을 하지 못한다(다맘)고 했다. 그러니까 더이상 분을 내며 말로 범죄하지 말고, 차라리 혀가 굳은 사람들처럼 침묵하라는 것이다.

다윗은 의의 제사를 드리고 여호와를 의뢰하라고 했다. 지금은 자신들이 승리한 것 같고 하나님의 축복이 오직 자기들과 함께하는 것 같은 그들도 실상은 하나님께 용서받아야 할 죄인이라는 뜻이다.

사람들에게 모욕과 거짓된 말로 모함을 당할 때, '전에 지은 죄 때문에 이 꼴을 당하나보다'라고 생각하지 말고, 저들도 용서받아야 할 죄인임을 기억해야 한다. 그래야 위축되지 않고 기도할 수 있다.

의의 제사를 드리고 여호와를 의지하라에서, '의지하다'(바타흐)는 '신뢰하다'라는 뜻이다. 의의 제사를 드리고 여호와를 의지하라는, 죄 문제가 해결되지 않으면 하나님을 의지할 수 없다는 뜻이다.

여호와여 주의 얼굴을 들어 우리에게 비추소서(나싸)

이 내용은 민수기 6장 26절의 인용이다. 원문을 직역하면, '여호와여 당신의 얼굴을 우리에게 드소서'이다. 여호와께서는 시내산 언약을 맺는 도중에 이스라엘을 이렇게 축복하셨다.

"여호와는 네게 복을 주시고 너를 지키시기를 원하며 여호와는 그의 얼굴을 네게 비추사 은혜 베푸시기를 원하며 여호와는 그 얼굴을 네게로 향하여 드사 평강 주시기를 원하노라"(민 6:24-26).

다윗은 이 마지막 절을 인용해 여호와의 얼굴을 드시라고 한 것이다. 여호와의 얼굴을 괜히 드시라고 한 게 아니라, 여호와께서 민수기에서 약속한 샬롬을 달라는 뜻으로 얼굴을 드시라고 한 것이다.

평강으로 번역된 '샬롬'은, 안전, 건강, 번영, 고요, 평온의 뜻이 있다. 다윗은 자기가 지금 샬롬이 너무 필요하기 때문에 샬롬을 달라고 한 게 아니라 민수기의 약속에 근거해서 샬롬을 내놓으라고 한 것이다. 마치 빚쟁이가 빚 갚으라고 하듯이, 당당하게 청구한 것이다.

이렇게 기도하면 하나님이 괘씸하다고 하실 것 같다. 그러나 그 반대다. 하나님의 약속 이행을 촉구하는 기도는 '하나님은 신실하신 분이기 때문에, 약속을 지키실 것을 내가 믿는다'라는 내용이 포함돼 있기 때문에, 하나님께서는 이런 기도를 기뻐하시기 때문이다.

다윗은 여호와의 얼굴을 드시라고 한 말에 이어서 이렇게 말한다.

> 주께서 내 마음에 두신 기쁨은 그들의 곡식과 새 포도주가 풍성할 때보다 더하니이다 내가 평안히 눕고 자기도 하리니 나를 안전히 살게 하시는 이는 오직 여호와이시니이다

다윗은 왜 이런 고백을 할까? 여호와께서 샬롬을 주겠다는 약속을 지키실 것을 확신하기 때문이다. 그 약속대로 자신은 평안히 눕고, 자고, 안전하다고 선언한 것이다. 이것이 기도한 것은 받은 줄로 믿는 자의 태도다.

그런데 다윗은 하나님의 샬롬이 그들의 곡식과 새 포도주의 풍성할 때보다 좋다고 한다. 여기서 "곡식과 새 포도주의 풍성함"은 다윗이 기근재앙을 해결했기 때문에 얻은 결과였다. 다윗 덕분에 가뭄재

앙이 해결되어 농사가 잘된 축복을, 지금 압살롬과 반란세력들이 누리고 있는 것이다.

지금으로 치면 거짓말로 모함해 나를 내쫓고, 내 실적을 가로채 승진도 하고, 보너스도 받고, 공모한 자들과 축하파티를 하고 있는 상황인 것이다. 그러면서 공개적으로 나를 깎아내린다. 지금의 우리가 봐도 열 받는 상황인데, 다윗은 그것보다 하나님이 주신 샬롬이 더 좋다는 것이다.

하나님께서 다윗을 '신앙이 깊다, 경건하다'라고 평가하신 건 이런 사람이기 때문일 것이다.

기도

우리가 사람들로 인해 괴로울 때 내 죄 때문에 당한다는 생각을 멈추고, 내 죄를 대속하신 예수 그리스도께 다 아뢰게 하옵소서. 자기에게 피하는 모든 자를 품어주시는 하나님을 의지하게 하시고, 우리가 죄 가운데 있을 때에도, 우리에게 은혜 베푸시며, 우리를 외면하지 않으시고 평강 주시는 하나님을 믿게 하시고, 날마다 샬롬의 은혜를 누리게 하옵소서. 아멘.

Chapter 17

끝까지 기도하는 자가 의인이다

시편 5편

1 여호와여 나의 말(아마르, 아뢰다)에 귀를 기울이사 나의 심정(하기그, 묵상, 불평, 속삭임)을 헤아려 주소서

2 나의 왕, 나의 하나님이여 내가 부르짖는 소리를 들으소서 내가 주께 기도하나이다

3 여호와여 아침에 주께서 나의 소리를 들으시리니 아침에 내가 주께 기도하고 바라리이다

4 주는 죄악을 기뻐하는 신이 아니시니 악이 주와 함께 머물지 못하며

5 오만한(하랄, 자랑하다, 높이다) 자들이 주의 목전에 서지 못하리이다 주는 모든 행악자를 미워하시며

6 거짓말하는 자들을 멸망시키시리이다 여호와께서는 피 흘리기를 즐

기는 자와 속이는 자를 싫어하시나이다(타아브, 혐오하다)

7 오직 나는 주의 풍성한 사랑(헤세드, 인자함)을 힘입어 주의 집에 들어가 주를 경외함으로 성전을 향하여 예배하리이다

8 여호와여 나의 원수들로 말미암아(마안, because, 목적, 의도) 주의 의로 나를 인도하시고 주의 길을 내 목전에 곧게 하소서

9 그들의 입에 신실함이 없고 그들의 심중이 심히 악하며 그들의 목구멍은 열린 무덤 같고 그들의 혀로는 아첨하나이다

10 하나님이여 그들을 정죄하사(범죄를 인정하다) 자기 꾀에 빠지게 하시고 그 많은 허물(페샤)로 말미암아 그들을 쫓아내소서 그들이 주를 배역함(마라, 반역)이니이다

11 그러나 주께 피하는(하싸, 피난처를 찾다) 모든 사람은 다 기뻐하며 주의 보호로 말미암아 영원히 기뻐 외치고 주의 이름을 사랑하는(아하브) 자들은 주를 즐거워하리이다

12 여호와여 주는 의인에게 복을 주시고 방패로 함같이 은혜로 그를 호위하시리이다

하나님께 기도할 때 절제된 언어를 써야 할까, 불평을 쏟아놔도 될까? 내 불평이 정당한 게 아닐 수도 있지 않나 하는 생각에 함부로 불평하면 안 된다는 생각을 할 수도 있다. 그래서 본격적인 기도에 앞서 일단 하나님이 어떤 분인지 정리할 필요가 있다. 하나님이 어떤 분인지 정리가 돼야 기도가 갈팡질팡하지 않는다.

우리가 아는 하나님은 '사랑과 은혜가 많으신 하나님'이다. 그래서

모든 기도는 사랑과 은혜로 마무리를 한다. 도덕적으로 지탄 받는 죄인들 때문에 고통스러워하면서도 그들을 심판해 달라는 기도는커녕 그들을 그리스도의 사랑으로 품게 해달라는 마음에도 없는 말로 마무리를 하게 되는 이유다.

그런데 다윗은 기도에 앞서 하나님을 다음과 같이 정리한다.

첫째, 주는 죄악을 기뻐하는 신이 아니다.

죄악으로 번역된 '레솨 רשה'는 도덕적 범죄라는 뜻인데, 원문엔 '절대 아니다'라는 뜻의 '로'(לא)가 들어있기 때문에, '하나님은 도덕적으로 지탄받는 자를 절대 기뻐하지 않는 신'이라는 뜻이 된다.

하나님이 도덕적으로 지탄받는 사람을 절대 기뻐하는 분이 아닌데, 내가 뭐라고 그를 감싸고 사랑하겠다는 기도를 하는가? 따라서 반도덕적인 자를 용서 못한 자신을 용서해 달라느니, 앞으로 사랑하겠다느니 맘에도 없는 기도는 할 필요가 없다. 이런 나를 율법적이라는 남의 정죄에 맘 상할 가치도 없다.

둘째, 주는 모든 행악자를 미워하신다.

행악자에서 "악"으로 번역된 아벤(און)은 고통, 슬픔이란 뜻이고, "미워하다"로 번역된 '싸나'는 눈을 흘기는 정도가 아니라 증오한다는 뜻이다. 하나님은 고통과 슬픔을 주는 자를 증오하는 분이시라는 뜻이다.

따라서 내게 혹은 타인에게 까닭 없이 고통과 슬픔을 주는 사람을 사랑으로 대하지 않는 것에 대해 죄책감을 가질 필요가 없다. 하

하나님은 우리가 마조히스트(masochist, 고통을 즐기는 자)가 되길 바라는 신이 아니다.

셋째, 하나님은 거짓말하는 자들을 멸망시키시며, 피 흘리기를 즐기는 자와 속이는 자를 싫어(혐오)하신다.

거짓을 말하는 자에서 '거짓'(카자브, כזב)은 '우상, 비진리'라는 뜻을 갖고 있기 때문에 이단 교리로 사람들을 속여 영생을 잃고 멸망에 이르게 하는 부류를 가리킨다. 단순 사기꾼이 아닌 것이다. 하나님은 이런 자들을 분명 멸망시킨다고 하셨는데 아직도 이런 이단들이 날뛰는 이유가 뭘까?

여기서 "멸망"으로 번역된 '아바드 אבד'라는 단어에 답이 있다. '아바드'는 '소멸시키다, (하나님께로 가는) 길을 잃는다'는 뜻이지 파괴해 버린다는 뜻이 아니다. 하나님은 이단들이 자신에게로 오는 길을 찾지 못하게 차단해버리는 것으로 끝내신다. 상대할 가치도 없기 때문이다.

'속이는 자(미르마 מרמה)'는 사기꾼, 배신자라는 뜻이다. 넓게 보면 교회 안이나 밖에서 자신의 경제적 이익을 위해 사람들에게 사기를 쳐서, 속은 사람들이 사회적인 죽음에 이르도록 몰아가는 사람들이라고 할 수 있다.

하나님이 어떤 분인지 정리가 끝난 다윗은 이렇게 기도한다.

"여호와여 나의 원수들로 말미암아 주의 의로 나를 인도하시고 주의 길을 내 목전에 곧게 하소서"

"곧게 하다"(야쇼르)는 '평탄하다, 번영하다'의 뜻이다.

나 같으면 그냥 원수들을 깨끗이 없애 달라고 할 것 같다. 그런데 다윗은 원수들로 말미암아(때문에) 주의 의로 인도해 달라고 했다. 무슨 말일까?

원수들 보란 듯이 나를 의로운 길에서 평탄하고 번영하게 해달라는 뜻인가? 그건 아닌 것 같다. 이 말씀은 "하나님을 사랑하는 자 그 뜻대로 부르심을 입은 자들에게는 모든 것이 합력하여 선을 이룬다"(롬 8:28)는 말씀이 생각나게 한다.

그리스도인들을 괴롭히는 원수들은 언제나 존재한다. 사탄은 사람이나 환경을 통해 그리스도인들을 좌절시키려 부지런을 떨지만 예수님이 다시 오시기 전까지 원수들은 완전히 없어지지는 않는다. 따라서 우리가 하기에 적당한 기도는 그들이 함정을 파면 그 함정에 그들이 빠지고, 그들이 놓은 덫 때문에 내 일이 오히려 순조롭게 해달라는 것이다.

나를 시험에 들게 하려고 원수가 판을 깔았는데 그 덕분에 내가 더 잘되는 것, 이것이 바로 **"나의 원수들로 말미암아 주의 의로 나를 인도하시고 주의 길을 내 목전에 곧게 하소서"**라는 기도의 실체인 것이다. 이 기도는 '우리를 시험에 들게 마시고 악에서 구해달라'는 주기도와 더불어 늘 해야 할 기도일 듯하다. 이보다 더 속 시원한 기도는 없다.

이어서 다윗은 본격적으로 심정(하기그, 불평)을 토로하기 시작한다.

"그들의 입에 신실함이 없고 그들의 심중이 심히 악하며"

그들은 입만 열면 거짓말을 하고, 그들의 심중(맘속)에 욕망이 가득하다는 뜻이다. 그들이 입만 열면 거짓말을 하는 이유는 맘속에 가득 찬 욕망 때문이다. 옳은 것, 의로운 것을 추구하면 말이 바뀔 수가 없다. 자기 욕망에 충실하려다 보니까 욕망이 꿈틀대는 대로 거짓말이 나오는 것이다.

하나님은 내가 느끼는 악을 그대로 아뢰도(불평으로 보일지라도) 다 들으신다.

"그들의 목구멍은 열린 무덤 같고 그들의 혀로는 아첨하나이다"

열린 무덤이란 파헤쳐진 무덤이 아니라, 사람이 죽으면 묻을 '빈 무덤'을 뜻한다.

"아첨하다"(하라크)는 '미끄럽게 하다'라는 뜻인데, 마음속엔 묻어 버릴(죽여 버릴) 생각으로 가득하면서 말만 뻔지르르하게 거짓말하는 것을 말한다.

내가 열린 무덤으로 느꼈지만 사실은 아닐 수도 있다. 상관없다. 하나님은 내가 오해하고 있다고 내 느낌을 교정해 주지 않고 그냥 다 들어주시기 때문이다. 내가 그들의 목구멍을 열린 무덤으로 느낀다면 그대로 고하라. 그것이 의인의 특권이다.

다윗의 기도는 계속 이어진다.

"하나님이여 그들을 정죄하사(저들의 범죄를 인정하란 뜻) 자기 꾀에 빠지게 하시고 그 많은 허물(페샤)로 말미암아 그들을 쫓아내소서 그들이 주를 배역함이니이다"

"허물"로 번역된 '페샤'는 국가적 반역이란 뜻이기 때문에 하나님 나라를 대적한 죄를 지었다는 뜻이다. '반역죄', '쫓아내라', '배역' 이런 단어들로 봤을 때 다윗이 고발한 자들은 압살롬이나 세바의 반란에 동조한 이스라엘 족장들과 참모들을 가리키는 것 같다.

이렇게 불평 섞인 기도를 끝낸 다윗은 기쁨으로 충만해 이렇게 기도한다.

"주께 피하는 모든 사람은 다 기뻐하며 주의 보호로 말미암아 영원히 기뻐 외치고 주의 이름을 사랑하는 자들은 주를 즐거워하리이다 여호와여 주는 의인에게 복을 주시고 방패로 함같이 은혜로 그를 호위하시리이다"

"은혜로 호위하시리라"는 기쁨으로 왕관을 씌운다는 뜻이다. 기쁨을 뜻하는 단어들이 총동원된 것을 볼 때 다윗이 기뻐서 난리가 났음을 알 수 있다.

하지만 현실은 그리 기뻐할 상황이 아니다. 반역자들을 쫓아내시라고 기도한다는 건 아직 반란이 진압이 안 됐다는 얘기다.

하지만 다윗은 기뻐서 난리가 났다. 왜일까? 의인에게 복을 주시는 하나님께서 자기 억울함을 풀어주실 것을 믿기 때문이다. 판사가 제대로 판결만 내려줘도 속이 시원한데, 이제 공의로우신 하나님이 판결을 내리실 테니 속이 시원한 건 시간 문제일 뿐이다.

이는 우리가 배울 태도이기도 하다. 아직 현실은 악의 물결이 넘치지만 하나님께 놈들의 죄를 다 고했다면 하나님의 공의로운 판결이 나타날 것을 믿고 기다리며 기뻐하는 것 말이다.

여호와께서는 의인에게 복을 주시고 기쁨의 왕관을 씌운다는데 다윗은 이 관을 쓸 자격이 될까?

우리가 알다시피 다윗은 그렇게 바르지 않았다. 남의 아내와 불륜을 저지르고 들킬까봐 남편을 청부살인까지 한 사람이 무슨 의인이겠는가. 만일 흠 없는 사람이 의인이라면 다윗은 의인이 될 수 없는 사람이다. 하지만 의인은 흠 없는 사람이 아니라 하나님께 붙어 있는 사람을 뜻한다.

다윗이 밧세바를 취하고 우리야를 죽인 죄를 회개하자 하나님께서는 용서하셨다고 했다. 하지만 하나님은 다윗과 밧세바가 낳은 갓난 아들을 살려주지 않으셨고, 우리야 사건으로 인해 다윗 집안에 칼이 떠나지 않는다는 무서운 약속도 하셨다.

약속대로 다윗의 아들끼리 칼부림이 나서 다윗의 장자 암논은 동생 압살롬에게 살해당했고, 압살롬은 귀양 갔다가 돌아와 아버지 다윗에게 반란을 일으켰다가 요압 장군에게 죽임을 당했다.

다윗이 받아야 할 벌은 다 받은 것 같다. 그래도 이걸 용서받은 것으로 봐야 하나? 하나님이 죄를 용서하셨다는 것은 어떤 걸 말하는 걸까?

하나님의 용서는 의인의 자격을 박탈하지 **않는** 것을 의미한다.

하나님의 용서는 의인의 자격을 박탈하지 않는다는 뜻이다.

하나님의 용서는 뉘우친 죄 때문에 죽이거나, 하나님 앞에서 쫓아내 생명책에서 지우지 않는다는 뜻이지, 벌을 하나도 안 준다는 뜻이 아니다. 그러므로 사람에게 지은 죄는 당사자에게 배상을 하고 용서를 받아야지 기도로 하나님께 백날 고백해도 소용없다.

의인과 악인의 차이

잠언에는 의인과 악인의 차이가 나온다.

"의인은 일곱 번 넘어질지라도 다시 일어나려니와 악인은 재앙으로 말미암아 엎드러지느니라"(잠 24:16).

일곱 번 넘어졌다는 건 완전히 넘어졌다는 뜻이다. 그런데 의인은 다시 일어난다. 의인인지 아닌지는 일곱 번(완전히) 넘어진 후에 그 사람의 행동이 말해 준다는 뜻도 된다. 똑같은 재앙을 당해도 다시 하나님을 붙잡고 기도한다면 그 사람은 의인인 것이고, 그길로 하나님을 떠난다면 그 사람은 악인인 것이다.

다윗처럼 죄짓고 벌 받고, 온갖 흉한 일은 다 겪지만 그래도 악착같이 하나님을 신뢰하고 하나님께 기도하는 것은 그가 의인이란 증거다. 자신이 하나님 편에 있다고 확실히 믿고 있기 때문일 것이다. 악인은 절대 이렇게 못한다. 다윗이 의인이 아니었다면 아마 하나님이 갓난 아들을 살려주지 않았을 때 하나님을 떠났을 것이다.

그러니까 몸에 아무 티끌도 안 묻힌 자가 의인이 아니라, 일곱 번 넘어져서 흙투성이가 되어서라도 하나님께 피하는 자, 회개하고 하나님께 몇 번이고 매달리는 자, 어려움 속에서 하나님을 찾고 또 찾는 자가 의인인 것이다.

기도

이단을 미워하시며 살인자와 사기꾼과 거짓말쟁이를 증오하시는 하나님, 우리가 회개하지 않은 이런 자들을 용인하는 우를 범하지 않도록 하시고 말만 매끄럽게 하는 사람들에게 속아 탐욕의 제물이 되지 않게 하시고, 일곱 번 넘어져도 다시 일어나 하나님을 찾고 또 찾는 의인으로 살게 하시며 우리의 탄원과 기도를 들어주시는 창조주 하나님 때문에 기뻐하는 인생을 살게 하옵소서. 아멘.

Chapter 18

정직에 대하여

시편 7편

1 여호와 내 하나님이여 내가 주께 피하오니 나를 쫓아오는 모든 자들에게서 나를 구원하여 내소서

2 건져낼 자가 없으면 그들이 사자같이 나를 찢고 뜯을까 하나이다

3 여호와 내 하나님이여 내가 이런 일을 행하였거나 내 손에 죄악이 있거나

4 화친한 자를 악으로 갚았거나 내 대적에게서 까닭 없이 빼앗았거든

5 원수가 나의 영혼을 쫓아 잡아 내 생명을 땅에 짓밟게 하고 내 영광을 먼지 속에 살게 하소서 (셀라)

6 여호와여 진노로 **일어나사** 내 대적들의 노를 막으시며 나를 위하여 깨소서 주께서 심판을 명령하셨나이다

7 민족들의 모임이 주를 두르게 하시고 그 위 높은 자리에 돌아오소서

8 여호와께서 만민에게 심판을 행하시오니 여호와여 나의 의와 나의 성실함을 따라 나를 심판하소서

9 악인의 악을 끊고 의인을 세우소서 의로우신 하나님이 사람의 마음과 양심을 감찰하시나이다

10 나의 방패는 마음이 정직한 자를 구원하시는 하나님께 있도다

11 하나님은 의로우신 재판장이심이여 매일 분노하시는 하나님이시로다

12 사람이 회개하지 아니하면 그가 그의 칼을 가심이여 그의 활을 이미 당기어 예비하셨도다

13 죽일 도구를 또한 예비하심이여 그가 만든 화살은 불화살들이로다

14 악인이 죄악(고통)을 낳음이여 재앙(불행, 고통)을 배어 거짓을 낳았도다

15 그가 웅덩이를 파 만듦이여 제가 만든 함정에 빠졌도다

16 그의 재앙은 자기 머리로 돌아가고 그의 포악은 자기 정수리에 내리리로다

17 내가 여호와께 그의 의를 따라 감사함이여 지존하신 여호와의 이름을 찬양하리로다

1-2절엔 자기에게 피하는 자를 구원하시는 여호와 하나님이 나오고 6-9절엔 심판하시는 여호와 하나님이 나온다. 여호와 하나님은 구원과 심판, 둘 다 하신다는 사실을 알려준다.

다윗은 왕이자 장수였지만 신학자로 보기도 한다. 그가 쓴 시편

에는 하나님에 대한 대단한 통찰력이 담겨있다. 이는 후대의 사람들이 하나님에 대한 지식을 얻는 데 지대한 공헌을 했다.

1절에서 자기에게 피하는 자를 구원하시는 하나님은 성자 하나님이신 예수 그리스도의 그림자로 보기도 한다. 구약시대엔 아직 하나님의 계시가 다 드러나지 않았기 때문에 지금 우리가 예수 그리스도의 사역으로 알고 있는 것을 다윗은 여호와 하나님의 사역으로 알고 있을 뿐이다. 하지만 성자, 성령, 성부 하나님은 삼위일체 하나님이기 때문에 성자 하나님을 여호와 하나님으로 부른다고 해서 틀린 것은 아니다.

시편 7편을 통해 알 수 있는 것은 죄사함을 통한 성자 하나님의 구원사역은 성육신 이후에 시작된 것이 아니라 다윗 때도 이미 있었다는 것이다.

여기서 잠깐 시편에 대한 오해를 풀고 싶다. 우리는 시편을 진짜 시(詩)처럼 대하려는 경향이 있다. 제목에 시라는 말이 들어가니까 진짜 아름다운 시들을 모아놓은 것이라고 생각하는 것이다.

하지만 시편은 구약 버전 조직신학이라고 해도 틀리지 않을 정도로 신학적으로 매우 깊은 책이다. 시편엔 모세오경의 단어들이 많이 나오는데, 따라서 모세오경과 연계하지 않고 독립적으로 혹은 현대적으로 시편을 이해하면 읽기는 읽지만 무슨 말인지 이해가 안 되는 경우가 매우 많다.

또한 시 한 편에는 신학적 내용이 많이 들어 있기 때문에 시 한 편을 한 달 내내 공부해도 내용을 다 다루지 못하는 경우도 있다. 사람들은 다윗을 목동 출신의 노래 잘하는 왕 정도로 생각하지만 그가 쓴 시편들을 보면 모세오경을 완전히 꿰고 있지 않으면 쓸 수 없는 내용들이 많다. 이 사실을 알고 다윗의 시를 읽을 필요가 있다.

이 시에서 다뤄야 할 것은 많지만 여기서는 정직에 대해서만 얘기해 보고자 한다.

10절에서 다윗은 자신의 방패는 **"마음이 정직한 자를 구원하시는 하나님께 있다"**라고 했다. 이 말씀을 보면서 어떤 생각이 드는지 솔직해질 필요가 있다. 나는 정직하니까 '다행이다'라고 했을지, 아니면 '가슴이 철렁'했을지 말이다. 대부분 철렁했을 것이다. 살면서 거짓말이나 죄를 한 번도 안 지었다고 자신할 사람은 없기 때문이다.

그런데 지구상에 예수님 빼고 이럴 사람이 있을까? 다윗 자신도 그리 떳떳하지는 못한 걸로 아는데 왜 이런 말을 해서 사람 심장을 떨리게 할까?

여기서 '마음이 정직하다'는 건 살면서 거짓말을 한 번도 안 했다는 뜻이 아니라 하나님께 숨긴 게 하나도 없다는 뜻이다. 율법을 어겼든, 양심을 속였든, 맘속으로 한 간음까지 하나님께 숨기지 않고, 한 걸 했다고 말하는 것이 정직인 것이다.

정직의 반대는 거짓말이다.

정직은 솔직한 것과는 다르다. 어떤 사람이 도둑질을 했는데 자랑스럽게 도둑질한 얘기를 한다면 이 사람은 솔직하다고 할 수 있겠지만 정직하다고는 할 수 없다.

하지만 도둑질한 사실을 뉘우치면서 말한다면 이 사람은 정직한 사람이다. 뉘우치는지에 대한 여부로 정직한지 아닌지를 가른다.

마음이 정직하다는 건 죄를 하나도 안 지었다는 말이 아니라
죄를 뉘우치며 하나님께 숨김없이 다 말한다는 뜻이다.

시편 5편에서 봤듯이 다윗은 하나님께 아무것도 숨기지 않는다. 하나님 앞에서 거짓말로 죄를 감추려 들거나 자신을 꾸미거나 하지 않는 것이 정직이다. 벌거벗었지만, 하나님을 피하지 않고, 죄를 감추려 거짓말도 하지 않고, 하나님께 다 아뢰는 상태가 정직인 것이다.

정직함을 방해하는 것이 거짓말이다. 만일 다윗이 밧세바와의 불륜을 감추려고 그런 적이 없다고 부인하거나 우리야가 죽은 건 사고였다고 거짓말했다면 하나님은 다윗이 정직하다고 하지 않았을 것이다.

다윗이 자기 방패는 마음이 정직한 자를 구원하시는 하나님께 있다고 말한 건 자기가 죄를 짓지 않아서 구원받는다는 뜻이 아니라 자기가 정직하게 죄를 인정할 때 하나님이 구원해주신다는 뜻인 것이다.

이어서 다윗은 회개하지 않을 때 어떤 일이 벌어지는지 얘기한다.

"하나님은 의로우신 재판장이심이여 매일 분노하시는 하나님이시로다 사람이 회개하지 아니하면 그가 그의 칼을 가심이여 그의 활을 이미 당기어 예비하셨도다 죽일 도구를 또한 예비하심이여 그가 만든 화살은 불화살들이로다"(11-13절).

의로운 재판장이 매일 칼을 갈고, 활시위에 불화살을 올려놓고 조준하고 있다는 것은 심판이 임박했다는 뜻이다.

12절의 회개(슈브 שוב)는 '돌아가다'라는 뜻이다. 원래의 자리로 돌아간다는 뜻이 아니라 가던 방향에서 유턴한다는 뜻이다. 심판 받을 길에서 돌아서는 것, 하나님과 분리된 죄인의 길에서 돌아서는 것을 말한다.

재판장이신 하나님이 쏘는 불화살에 맞아서 죽지 않으려면 빨리 선회해야 한다. 어디로 가야 할까?

마음이 정직한 자를 구원하시는 하나님께로 가야 한다. 가서 정직하게 죄를 인정하고 용서를 구해야 한다. 하나님께서는 자기에게 피하는 자를 구원해 주시는 은혜로운 분이기 때문이다.

요한일서 1장 9절은 이것을 이렇게 표현했다.

"만일 우리가 우리 죄를 자백하면 그는 미쁘시고 의로우사 우리 죄를 사하시며 우리를 모든 불의에서 깨끗하게 하실 것이요"

그럼에도 불구하고 많은 사람들이 죄를 숨기고 거짓말로 포장을 한다. 요즘은 뻔뻔하게 적반하장으로 나오는 사람도 많다. 이러니 세상이 더욱 포악해질 수밖에. 그러나 심판은 임박했다.

Chapter 19

심판을 촉구하는 기도

시편 9편

다윗의 시, 인도자를 따라 뭇랍벤에 맞춘 노래

1 내가 전심으로 여호와께 감사하오며 주의 모든 기이한 일들을 전하리이다
2 내가 주를 기뻐하고 즐거워하며 지존하신 주의 이름을 찬송하리니
3 내 원수들이 물러갈 때에 주 앞에서 넘어져 망함이니이다
4 주께서 나의 의와 송사를 변호하셨으며 보좌에 앉으사 의롭게 심판하셨나이다
5 이방 나라들을 책망하시고 악인을 멸하시며 그들의 이름을 영원히 지우셨나이다
6 원수가 끊어져 영원히 멸망하였사오니 주께서 무너뜨린 성읍들을 기

억할 수 없나이다

7 여호와께서 영원히 앉으심이여 심판을 위하여 보좌를 준비하셨도다

8 공의로 세계를 심판하심이여 정직으로 만민에게 판결을 내리시리로다

9 여호와는 압제를 당하는 자의 요새이시요 환난 때의 요새이시로다

10 여호와여 주의 이름을 아는 자는 주를 의지하오리니 이는 주를 찾는 자들을 버리지 아니하심이니이다

11 너희는 시온에 계신 여호와를 찬송하며 그의 행사를 백성 중에 선포할지어다

12 **피 흘림을 심문하시는 이가 그들을 기억하심이여 가난한 자(고통받는 자)의 부르짖음을 잊지 아니하시도다**

13 여호와여 내게 **은혜**를 베푸소서 나를 사망의 문에서 일으키시는 주여 나를 미워하는 자에게서 받는 나의 **고통(가난)**을 보소서

14 그리하시면 내가 주의 찬송을 다 전할 것이요 딸 시온의 문에서 주의 **구원**을 기뻐하리이다

15 이방 나라들은 자기가 판 웅덩이에 빠짐이여 자기가 숨긴 그물에 자기 발이 걸렸도다

16 여호와께서 자기를 알게 하사 심판을 행하셨음이여 악인은 자기가 손으로 행한 일에 스스로 얽혔도다

17 악인들이 스올로 돌아감이여 하나님을 잊어버린 모든 이방 나라들이 그리하리로다

18 궁핍한 자가 항상 잊어버림을 당하지 아니함이여 가난한 자들이 영원히 실망하지 아니하리로다(**쉽게 말하면 주께서 가난한 사람을 절대 잊지 않을 것이기 때문에 고난받는 사람의 희망은 영원히 꺼지지 않는**

다는 뜻)

19 여호와여 일어나사 인생(에노쉬)으로 승리를 얻지 못하게 하시며 이
방 나라들이 주 앞에서 심판을 받게 하소서
20 여호와여 그들을 두렵게 하시며 이방 나라들이 자기는 인생(에노쉬)
일 뿐인 줄 알게 하소서 (셀라)

축구 중계를 보는데 심판이 편파적이면 화가 난다. 상대가 반칙을 했는데도 심판이 제대로 페널티를 주지 않아서 우리 편이 지면 축구의 룰을 잘 모르는 나도 화를 낸다. 공정함, 공평함을 바라는 사람의 심리는 놀이에도 반영이 된다.

의인과 악인은 시편의 가장 큰 주제인데, 의인과 악인이 대립할 때 중요한 것은 심판이다. 성경은 분명히 악인은 심판을 받는다고 했는데, 실제 우리가 사는 현실은 그렇지가 않다. 하나님의 공의가 완전히 배제된 채 세상이 굴러가는 느낌을 받을 때, 우리는 어떻게 할까? 축구 심판에게 화를 내는 사람처럼 하나님께 화를 내나?
시편 9편에는 이럴 때 다윗이 어떻게 하는지가 나온다.

다윗은 "내가 전심으로 여호와께 감사하오며 주의 모든 기이한 일들을 전하리이다"라고 하면서 이 시를 시작한다. "전심으로, 온 마음을 다해 감사한다"고 할 때는, 두 가지 상황을 가정해 볼 수 있다. 하나님의 구원이 너무 감사해서 온 마음을 다해 감사하는 경우이거나, 아니면 감사에 온 마음을 쏟지 않으면 내가 흔들리겠다 싶을 때다.

시의 뒤쪽에 나오는 내용으로 봤을 때 다윗은 후자인 것으로 보인다.

우리가 현실이 너무 힘들 때 성경을 통해서 악인을 심판하시는 하나님을 만나고 거기서 힘을 얻듯이 다윗도 그랬던 것 같다.

다윗은 하나님께서 과거에 행하신 심판을 말하면서, 여호와는 **공정하신 재판장이란** 말을 반복한다. 이는 지금은 그런 공정한 심판이 보이지 않는다는 뜻이다. 다윗이 말하는 **공정한 재판장이란**, 의인은 보호하고 악인은 심판하는 재판장을 말하는데, 하나님의 구원역사를 돌아보던 다윗은 이런 결론을 내린다.

> "여호와께서 영원히 앉으심이여 **심판을 위하여 보좌를 준비**하셨도다 **공의로 세계를 심판**하심이여 **정직으로** 만민에게 **판결을** 내리시리로다 여호와는 **압제를 당하는 자의 요새**이시요 환난 때의 요새이시로다"(시 9:7-9).

하나님의 공의와 심판은 과거의 역사로 끝나지 않고 현재와 미래에 반드시 있을 것이란 뜻이다. 하지만 현재의 불의를 겪고 있는 사람들은 하나님의 공의와 심판은커녕 하나님이 이 세상을 돌보고 있지 않는다는 생각이 든다. 다윗도 그랬기 때문에 과거 하나님의 심판을 기억하며 지금 횡행하는 악인의 횡포를 하나님이 반드시 심판하실 것을 믿음으로 선언한 것이다.

악인들에 대한 완전한 심판은 예수 그리스도의 재림 때 이뤄질 것이기 때문에 그 전까지는 악인들에 대한 완벽한 심판이 이뤄지지 않는다. 이 사실을 간과하면 악인들을 심판하지 않는 하나님을 원망할 수도 있다. 그럴 때 우리가 집중해야 할 것은 나같은 죄인의 요새가 되어주신 성자 하나님 예수 그리스도이다.

13절에서 다윗은 이렇게 기도한다.

"여호와여 내게 은혜를 베푸소서 나를 사망의 문에서 일으키시는 주
여 나를 미워하는 자에게서 받는 나의 고통을 보소서"

고통으로 번역된 '아나브'는 '가난'이란 뜻도 있다. 가난으로 인한 고통이란 뜻도 되고, 신명기에서 말하는 불순종의 대가는 가난이기 때문에, 무언가 죄를 지어 하나님의 저주를 받아 고통을 당한다는 뜻도 된다. 신명기의 관점에서 가난한 자가 기도하거나 구원을 받는 건 있을 수 없는 일이다. 하나님은 죄인의 기도를 들으실 리 없기 때문이다.

그럼 이 기도는 뭘까? 너무 다급해서 떼를 쓰듯 도와달라는 것인가?

그런데 다윗은 구약의 신학자다. 다윗을 단순히 노래 잘하는 목동 출신 칼잡이로만 보면 안 되는 이유가 여기 있다. 다윗은 깊은 고통 속에서 하나님의 은혜를 깨닫고 그 은혜의 하나님께 기도한 것이다.

우리가 다급하면 내 잘못이고 뭐고 떼쓰는 아이처럼 무조건 도와

달라고 기도하다가 정신이 좀 들면 '회개도 안 했는데 하나님이 들어주셨네' 할 때가 있다. 왜 이런 일이 생겼을까? 하나님의 은혜 때문이다. 의인은 신앙생활을 완벽하게 하는 자가 아니라 하나님의 은혜를 의지하는 자, 예수 그리스도를 나의 구주로 받아들인 자이기 때문이다.

다윗이 여호와께 구한 은혜는, 여호와께서 아브라함과 이삭과 야곱에게 약속한 구원의 약속, 즉 하나님의 은혜로 시작되고 하나님의 은혜로 완성되는 구원을 말한다. 이 은혜는 하나님의 구원 약속을 믿는 누구나 받을 수 있기 때문에 미처 회개 못한 죄인일지라도 하나님께 구원을 요청할 수 있고 도움을 받을 수 있다.

> "믿음이 없이는 하나님을 기쁘시게 하지 못하나니 하나님께 나아가는 자는 반드시 그가 계신 것과 또한 그가 자기를 찾는 자들에게 상 주시는 이심을 믿어야 할지니라"(히 11:6).

하나님께서는 다급해서 자기를 찾는 자들에게 죄를 다 회개하면 그때 다시 오라고 하시지 않으신다. 하나님은 우리를 일단 구해주고 나서 정신 차리게 할 때도 많다. 그러니 악인의 압제로 고통당할 때 '내 죄 때문에 하나님이 나를 심판하시나보다' 지레 겁먹지 말고 얼른 예수님의 이름으로 하나님 아버지께 나아가야 한다.

다윗은 악의 세력이 된 이방 나라를 심판해 주시길 기도한다. 악인에 대한 심판이 의인에겐 구원이다.

"악인들이 스올로 돌아감이여 하나님을 잊어버린 모든 이방 나라들
이 그리하리로다"

여기서 조직과 힘을 가진 악의 세력을 어떻게 봐야 할지를 배우게 된다. 악이 거대하게 느껴질 때 우리는 우리가 믿는 하나님까지 작아 보인다. 하지만 악의 세력은 하나님의 상대가 되지 못한다. 이는 하나님께서 악인들을 심판하시는 방식을 보면 알 수 있다. 하나님의 악인에 대한 심판 방식은 자기 꾀에 빠지게 하고 자기들이 놓은 덫에 걸리게 하는 것이다.

이는 악인은 하나님께서 손댈 가치조차 없다는 뜻이기도 하고, 악인은 하나님의 지혜와 경륜을 절대 이기기 못한다는 뜻이기도 하다. 악의 세력이 하나님 앞에서 하찮은 존재이긴 하지만 악인의 압제를 받는 우리 입장에서는 순간순간이 고비다. 그래서 다윗은 이렇게 기도한다.

"여호와여 일어나사 인생으로 승리를 얻지 못하게 하시며 이방 나라
들이 주 앞에서 심판을 받게 하소서 여호와여 그들을 두렵게 하시며
이방 나라들이 자기는 인생일 뿐인 줄 알게 하소서"

원문으로 보면 "일어나라"(쿰)는 단어가 제일 앞에 나온다. 쉽게 말하면 이런 거다.

**빨리 일어나세요. 저들을 심판해 주세요.
저들을 두려움에 떨게 해주세요.
자기들도 죽는 인간이란 것 좀 깨닫게 해주세요.
하나님, 힘 좀 쓰세요.**

이런 기도는 읽기만 해도 기운이 난다. 지기만 하는 경기는 보고 싶지 않듯이 맨날 악인이 이기고 의인이 지는 세상은 정말 싫다. 그럴 땐 꼭 이렇게 기도하기 바란다.

하나님 빨리 일어나세요. 저들을 심판해 주세요.

그리고 하나님께서 어떻게 응답하시는지 지켜보시기 바란다.

하나님이 응답하실까? 물론이다. 무엇으로 알 수 있을까? 답은 18절에 있다.

> "궁핍한 자가 항상 잊어버림을 당하지 아니함이여 가난한 자들이 영원히 실망하지 아니하리로다"

말이 어렵게 돼 있지만 쉽게 풀면 이런 것이다.

여호와께서는 궁핍한 자를 절대 잊지 않기 때문에 가난한 자(고통당하는 자)는 영원히 실망하지 않을 것이다.

힘 있는 악인들이 세상을 지배하고, 의인들은 맥없이 당하고, 세상엔 하나님의 공의도 심판도 보이지 않을 때, 그럼에도 불구하고 그리스도인들이 하나님께 **"일어나세요, 심판해 주세요"**라고 기도할 때 여호와께서는 기도하는 자들을 절대 실망시키지 않는다는 뜻이다. 어떻게 실망시키지 않으실지는 기도한 자만이 알게 될 것이다.

기도

약속대로 구원의 은혜를 조건 없이 베푸시는 성부 하나님과 우리의 피난처요 요새가 되어주신 예수 그리스도와 우리를 떠나지 않고 믿음의 경주를 계속할 수 있도록 도우시는 성령 하나님으로 인해 감사합니다. 악인이 흥하고 의인이 슬퍼하는 세상을 볼 때 오히려 하나님께 전심으로 감사하면서 하나님께서 반드시 악인을 심판하실 것을 믿고, 믿음으로 기도하게 하시고 의인을 실망시키지 않는 하나님을 경험하게 하옵소서. 아멘.

Chapter

20

나를 지탱하는 것

시편 11편

다윗의 시, 인도자를 따라 부르는 노래

1 내가 여호와께 피하였거늘 너희가 내 영혼에게 새같이 네 산으로 도망하라 함은 어찌함인가
2 악인이 활을 당기고 화살을 시위에 먹임이여 마음이 바른 자를 어두운 데서 쏘려 하는도다
3 터가 무너지면 의인이 무엇을 하랴
4 여호와께서는 그의 성전에 계시고 여호와의 보좌는 하늘에 있음이여 그의 눈이 인생을 통촉하시고 그의 안목이 그들을 감찰하시도다
5 여호와는 의인을 감찰하시고 악인과 폭력을 좋아하는 자를 마음에 미워하시도다

6 악인에게 그물을 던지시리니 불과 유황과 태우는 바람이 그들의 잔의 소득이 되리로다

7 여호와는 의로우사 의로운 일을 좋아하시나니 정직한 자는 그의 얼굴을 뵈오리로다

사람들은 무엇이 자기를 지탱한다고 생각할까? 경제? 건강? 가정? 시편 11편은 사람을 지탱하는 것을 터(핫샤토트, foundations)로 표현했다. "터"에 해당하는 핫샤토트(השתות)는 복수다. 그래서 영어(foundations)도 복수로 번역했다. 인간을 지탱하는 터(토대)는 하나가 아닌 것이다.

터가 무너질 때 의인은 무엇을 하랴? 이것이 시편 11편의 주제다.

이 시는 사울에게 쫓겨 사면초가가 된 다윗에게 그의 부하들이 이스라엘을 떠나 블레셋으로 피하라는 조언을 하자 다윗이 대답하는 형식으로 시작한다.

"내가 여호와께 피하였거늘 너희가 내 영혼에게 새같이 네 산으로 도망하라 함은 어찌함인가"(1절).

"도망하라"로 번역된 '누드 נוד'는 '헤매다, 배회하다'라는 뜻이다. 창세기 4장에서 가인이 동생 아벨을 죽인 후 여호와 앞에서 쫓겨나 유리하는 자가 되었다고 할 때, 그 '유리하다'(누드)가 이 단어다. 그러

니까 이 말은 '나는 여호와가 계시는 이 땅을 떠나지 않을 것을 너희가 다 알면서 어떻게 나한테 여호와 앞을 떠나 유리하며 방황하던 가인처럼 되라고 하느냐' 이런 뜻인 것이다.

1절부터 3절까지는 대화체로 되어 있다.

　　다윗 : "내가 여호와께 피하였거늘 어찌하여 너희는 나에게 새처럼
　　　　　도망치라고 하느냐?"
　　부하들 : "터가 무너지는 마당에 의인이 무엇을 할 수 있습니까?"

다윗이 부하들의 말을 그대로 옮겼다기보다 다윗이 요점만 쓴 것으로 보는 게 맞을 것이다. 설마 부하들이 다윗에게 새처럼 도망치라고 했겠는가? 그러나 다윗에겐 그렇게 들렸다는 뜻이다.

터가 무너지면

시편을 이해하려면 시의 배경이나 저자의 상황을 아는 것이 가장 필요하다. 성경학자들은 이 시의 배경을 다윗이 왕이 되기 전 사울에게 쫓길 때로 본다. 나 역시 이 시는 다윗이 사울에게 쫓기다 블레셋에 망명하기 직전에 쓴 시로 본다. 이런 가정을 하고 이 시를 보면 좀 더 입체적으로 와 닿는다.

부하들은 '일단 살고 봐야 하니 블레셋으로 도망칩시다'라고 한 것이고, 이 말이 다윗에게는 '여호와를 떠나 유리 방황하는 가인처럼 살라는 말로 들린 것'으로 볼 수 있다.

사무엘상 27장 1-2절에는 다윗이 블레셋으로 망명했다는 내용이 간단하게 나와 있기 때문에 다윗이 어떤 심정이었는지는 알 수가 없다. 나는 이 시편 11편이 블레셋 망명 당시 다윗의 내면에 일어났던 일이라고 짐작한다.

터가 무너지면 의인이 무엇을 하랴?

워낙 유명한 문장이라 많이 인용을 하지만 "터"라는 개념이 워낙 넓어서 명확하게 정의하지 못한다. 그래서 여기저기 쓰이는지도 모르겠다. 이 문장을 보통 '기초가 무너지고 있는데 의인들이라고 별 수 있겠는가?' 혹은 '기초가 바닥부터 흔들리는 이 마당에 의인인들 무엇을 할 수 있겠는가?'로 해석한다. 이 때문에 터가 무너진 것을 **법과 질서가 무너진 사회**라고들 해석한다.

그런데 원문을 직역하면 **'기초들이 무너지면 의인은 어찌 행할까?'** 이다. 그러니까 "터"는 사회를 지탱하는 법과 질서라기보다 사람을 지탱하는 것들, 그 사람이 자신의 '기초로 여기는 것들'이란 뜻으로 봐야 하는 것이다.

내가 생각하는 터

그럼 이런 질문이 생긴다. 다윗의 부하들이 생각하는 터는 뭐였을까? 다윗과 그의 부하들이 생각하는 터는 같았을까? 달랐을까?

일단 살고 보자는 뜻으로 다윗의 부하들이 "터" 얘기를 한 거라면, 부하들이 생각하는 터는 '목숨'이었을 것이다. 반면 다윗의 터는 목숨은 아니었음을 알 수 있다.

자기를 지탱하는 터가 무엇인지는 그것이 무너진다고 할 때 드러난다. 돈만 밝히는 사람도 자기를 지탱하는 건 돈이라고 생각하지 않는다. 하지만 돈이 사라졌을 때 인생을 포기할 정도로 절망한다면 그때서야 그를 지탱한 터는 돈이었다는 걸 알게 된다.

요즘 대부분의 사람들이 터로 생각하는 것은 목숨과 돈일 것이다. 예전엔 명예를 터로 여기는 사람들도 있었는데 요즘은 명예보다는 부와 권력을 터로 여기는 사람이 많아진 것 같다.

자신을 의인이라고 생각하는 사람들은 자기를 지탱하는 것이 목숨이나 돈이라고 생각하지 않는다. 다윗의 부하들도 그랬다. 하지만 사울이 턱밑까지 쫓아오자 이들을 지탱하는 것은 목숨이었다는 것이 드러난다. 그래서 '터가 무너지는 마당에 의인이 무슨 소용인가?'라는 말을 했던 것이다.

다윗의 터

다윗을 지탱한 건 여호와 하나님이셨다. 더 정확히는 하나님께 제사 드리는 성전과 하나님이 계시는 이스라엘 땅이었다. 가나안 땅이 다윗에게 중요했던 이유는 하나님이 함께 사시는 땅이었기 때문이었다. 다윗이 가나안의 적들과 전쟁을 한 것도, 가나안 땅을 되찾는 캡틴으로 기름부은 사울을 죽이지 않은 것도, 다 하나님과 함께 살 땅을 되찾는 일이었기 때문이었다.

그런 땅을 자기 발로 떠나야 할 기로에 놓였을 때, 다윗은 살던 집이 무너지고 길이 끊어진 느낌이었을 것이다. 이것이 터가 무너질 때 사람들이 경험하는 공통의 느낌이다.

정도의 차이는 있겠지만 살면서 이런 느낌 한두 번씩은 갖는다. 그러면서 진짜 나를 지탱하는 터가 무엇인지 발견하게 된다.

블레셋으로 망명하는 게 바른 선택일까? 사울의 화살에 죽더라도 여기 있어야 하나? 이 땅에는 하나님이 임재하시는 법궤가 있고, 하나님의 백성들이 있는데 내가 이곳을 떠나 무엇을 할 수 있을까?

그때 다윗은 이런 생각이 들었다.

"여호와께서는 그의 성전에 계시고 여호와의 보좌는 하늘에 있음이여 그의 눈이 인생을 통촉하시고 그의 안목이 그들을 감찰하시도다 여호와는 의인을 감찰하시고 악인과 폭력을 좋아하는 자를 마음에 미워하시도다 악인에게 그물을 던지시리니 불과 유황과 태우는 바람이 그들의 잔의 소득이 되리로다 여호와는 의로우사 의로운 일을 좋아하시나니 정직한 자는 그의 얼굴을 뵈오리로다"

여호와는 성전에 계시지만 동시에 하늘 보좌에도 계신다는 뜻이다. 하나님의 초월성과 편재성을 말할 때 **무소부재**라는 말을 쓰는데, 다윗은 무소부재하신 하나님을 이렇게 표현한 것이다.

다윗이 하나님의 무소부재를 생각해 낸 게 아니라 하나님께서 다윗의 생각을 통해 자신을 계시하신 것으로 보는 게 맞다. 하나님의 무소부재를 알고 나자 모든 게 단순해졌다. 하나님은 자기에게 피하는 의인들을 복잡한 고민 속에 오래 놔두지 않으신다.

여호와의 보좌가 법궤 위에만 있는 게 아니라 하늘에도 있다는 건 하늘 아래 어디서나 여호와를 만날 수 있다는 뜻이다. 그러니 이스라엘 땅을 떠나 어디를 가든 여호와를 떠나는 게 아니고 유리 방황의 길로 가는 것도 아니다.

이 진리를 깨닫게 된 다윗은 주저하지 않고 블레셋으로 망명을 한다.

여호와는 하늘 보좌에서 무엇을 하실까?

이 땅의 모든 인생들을 통촉하고 의인을 감찰하신다. '**통촉하다**'는 '주시한다'는 뜻이고, '**감찰한다**'는 '금속을 검사한다, 시험한다'는 뜻이다. 순도 높은 진짜 의인인지, 함량 미달의 무늬만 의인인지 검사하신다는 뜻이다.

이스라엘 땅에 산다고 다 의인이 아니다.
사울처럼 함량 미달의 의인은 의인이 아니라 악인이다.

인생의 위기는 내가 무엇을 터로 삼는지 테스트하는 기회가 된다는 걸 알 수 있다. 진짜 의인은 자신을 지탱하는 터는 하나님이라고 생각하겠지만 그렇지 않은 사람들은 자기를 지탱하는 무엇(돈이든 권력이든)이 무너질 때 터가 무너졌다고 절망할 것이다.

정치 생명이 끝나다

다윗이 블레셋에 망명했다는 사실을 알게 된 사울은 다윗의 정치 생명은 끝났다고 생각했다. 다윗이 다시 돌아온다 해도 적국에 망명했던 다윗을 백성들이 이스라엘의 왕으로 받아들일 리 없기 때문이다. 정치적 계산으로는 이게 맞다.
훗날 사울이 죽었을 때 유다 지파를 뺀 이스라엘 11지파가 다윗을 왕으로 인정하지 않고 2년 반을 싸운 데에는 이런 이유가 작용했을 것이기 때문이다.

그러나 이건 땅의 눈이고, 하늘 보좌에서 인생을 주시하시고 의인의 순도를 검사하시는 여호와의 눈에 비친 모습은 아니다.

다윗이 자신의 터를 이스라엘의 왕위로 생각했다면 블레셋으로 망명하지 않았을 것이다. 다윗을 지탱하는 건 이스라엘 땅도 아니고 오직 여호와 하나님이셨다. 여호와의 보좌가 이스라엘의 성전뿐 아니라 하늘에도 있다는 것을 알자 블레셋으로 망명할 수 있었던 것이다.

다윗은 이렇게 결론을 내렸다.

"여호와는 의로우사 의로운 일을 좋아하시나니 정직한 자는 그의 얼굴을 뵈오리로다"

그렇다. 어디에 살든, 무엇을 하든, 그것이 여호와를 의지함으로 하는 것이면 그것이 의로운 일이고 하나님 보시기에 좋은 일이다. 땅의 눈은 속일 수 있어도 하늘 보좌에서 인생을 주시하시고 의인의 순도를 감찰하시는 하나님의 눈을 속일 수는 없다.

룻기 묵상 + 말씀 묵상
미크레

1판 1쇄 인쇄 _ 2025년 4월 15일
1판 1쇄 발행 _ 2025년 4월 25일

지은이 _ 신현아
펴낸이 _ 이형규
펴낸곳 _ 쿰란출판사

주소 _ 서울특별시 종로구 이화장길 6
편집부 _ 745-1007, 745-1301~2, 747-1212, 743-1300
영업부 _ 747-1004, FAX 745-8490
본사평생전화번호 _ 0502-756-1004
홈페이지 _ http://www.qumran.co.kr
E-mail _ qrbooks@daum.net / qrbooks@gmail.com
한글인터넷주소 _ 쿰란, 쿰란출판사
페이스북 _ www.facebook.com/qumranpeople
인스타그램 _ www.instagram.com/qrbooks
등록 _ 제1-670호(1988.2.27)
책임교열 _ 최찬미·오완

ⓒ 신현아 2025 ISBN 979-11-94464-47-1 93230

책값은 뒤표지에 있습니다.
이 출판물은 저작권법에 의해 보호를 받는 저작물이므로 무단 복제할 수 없습니다.
파본(破本)은 구입처에서 교환해 드립니다.